歐洲鈔票故事館

Explore the Bill-Europe

最浪漫的鈔票故事書 第二版

鈔票學達人 莊銘國 著

五南圖書出版公司 印行

1. 斯洛維尼亞
2. 克羅埃西亞
3. 波士尼亞與赫塞哥維納
4. 蒙特內哥羅
5. 阿爾巴尼亞
6. 馬其頓

冰島

瑞典　　芬蘭

挪威

愛沙尼亞

俄羅斯

拉脫維亞

丹麥

俄羅斯　　立陶宛

白俄羅斯共和國

愛爾蘭

英國

荷蘭

比利時

德國

波蘭

烏克蘭

盧森堡　列支敦斯登

捷克

斯洛伐克

瑞士　奧地利　匈牙利

羅馬尼亞

摩爾多瓦

法國

1　2

3　塞爾維亞

保加利亞

聖馬利諾

摩納哥

4

安道爾

義大利

6

5

梵蒂岡

希臘

葡萄牙　西班牙

馬爾他

賽普勒

南斯拉夫的瓦解

斯洛維尼亞
1991年6月25日獨立

克羅埃西亞
1991年6月25日獨立

波士尼亞
1992年2月獨立

塞爾維亞
2006年6月5日獨立

蒙特內哥羅共和國
2006年5月21日獨立

馬其頓共和國
1991年11月20日獨立

科索沃
2008年2月18日

序言

　　對一般人而言，鈔票只不過是交易媒介。但對我來說，鈔票上的圖像，就像「國家名片」，具有象徵的意義，從中可以看到不同國家的文化、社會價值、過去歷史、現在發展與未來展望。如果長時間蒐集達三個版次以上，並對圖像加以研究、了解，則世界各國一切重要的人、事、物典故都可掌握。更可學貫中西、神通古今，成為「世界公民」。

　　筆者曾在民間企業任職二十六年，有機會前往業務相關國家從事商務活動，福至心靈開始蒐集該國鈔票，並當場向客戶請教圖像內容做成記錄。自企業退休後，轉戰大學教職，利用寒暑假與太太同遊更偏遠國度，至今已超過百國，每到一國即設法兌換流通紙幣，並請益當地導遊、重點筆記，回國再行探索。有機會擔任帝寶工業公司之獨立董事，係純外銷汽車車燈之上市公司，許敘銘總裁很自豪說：「除南北極外，全世界都有我們的據點。」透過這些國際行銷管道，再補充沒有去過國度的紙鈔，並請海外經銷商略加資料說明；一些非流通之早期外幣，則請「磊昌郵幣社」代為採買；「稀有鈔票」在柏林的巴塞爾國際錢幣展銷會(World Money Fair Basel)、新加坡國際錢幣展銷會(Singapore International Coin Show)、東京國際錢幣展銷會(Tokyo International Coin Convention)、美國國際錢幣展銷會(ANA World's Fair of Money)及北京國際錢幣博覽會(Beijing International Coins Expo)，可參加競標購得。所謂「情之所鍾，千里不遠」，經年累月，多少心血、多少金錢，漸漸羽毛豐長，相當齊全。

　　在各國紙鈔之鑽研中，積少成多，曾應邀各單位演講或展示，最值得一提的是「臺北故事館」於2012年2月18日開始為期半年的借展，緊接著是國父紀念館、高雄科學工藝博物館、新光三越百貨左營店、貿易商大樓（市政府文化局主辦）……，以迄協助「中央銀行券幣數位博物館」(http://museum.cbc.gov.tw/web/product.aspx?menu=1)成立。此外，由五南圖書公司出版《典藏鈔票異數》將各國各時期之特殊鈔票予以解析，另一本是《遇見鈔票》，由書泉出版社印行，主題將臺幣上之圖像與古今中外「類比」(Method of Analogy)，本書榮獲2010年出版界最高榮譽「金鼎獎」，內心甚為雀躍。其後也寫了《鈔閱世界紀錄》及《鈔票的藝術》，兼用理性與感性來剖析鈔票。也出版鈔票上最常出現的《名人鈔票故事

館》，直覺典型在夙昔。緊接著推出歐洲／亞洲／非洲／美洲及大洋洲鈔票故事館等五大洲之鈔票介紹，世界現行流通鈔票、票票入冊，完成心中大願，更做為日後「鈔票博物館」之主軸，當然研究工作持續進行中，希望有更多成果。當年，任職企業滿二十六年，第一次退休；轉戰學術界，又滿六十五歲，屆齡第二次退休，現已逾七十多，「莫讓餘年空流去，當使晚霞照人間」，期盼有生之年，貢獻一己之力。

　　這本《歐洲鈔票故事館》是五大洲鈔票介紹的第一本，其姊妹作《亞洲鈔票故事館》及《非洲鈔票故事館》曾入選2017年德國法蘭克福書展臺灣館參展書單。《名人鈔票故事館》及《鈔票的藝術》是極少數代表臺灣參加義大利2019年波隆那書展的競賽書籍，誠難可貴。再回到本書《歐洲鈔票故事館》，在歐洲國度中，有十九個國家使用歐元，還有六個小國准予使用。這些國家先前的紙鈔，歷史悠久，地位重要，曾引領世界鈔票的設計理念，各國紙幣風格各異，印刷精美，有傳統亦有時尚，受收藏者喜愛，深入其間，可以了解歐洲文化或文明；而其他未加入歐元區國家，還有一定水準，值得品味，均在本書中逐一陳述。要從鈔票了解歐洲，可從下列幾個角度著手：

一、從封建國家到現代國家，一定有愛國志士或雄才大略的君王。
二、歐洲共同的宗教是基督教，曾東西分裂成天主教及東方正教，再由宗教革命、南北分裂，增加了新教（長老會、浸信會等），就有宗教家出現。
三、十五世紀的文藝復興，在繪畫、建築、雕刻、音樂、人文蓬勃發展，一時藝文家各占山頭。
四、十六世紀的大航海時代，特別造就出西班牙及葡萄牙之偉大探險家，立下汗馬功勞。
五、十七世紀起的議會制度，推翻了君權神授，歷代以來，政治人才輩出；而不少國家實行君主立憲，國王（女王）仍為一國之尊。
六、十八世紀工業革命迄今，歐洲領先群倫，科學家獨領風騷。
七、歐洲走向整合之路，歐元上之正面門窗，反面橋梁，代表了開放與合作。

　　歐洲經濟及文化發達，為五大洲之首，在世界有舉足輕重的地位，有不斷輸送先進思想之哲學家，有發明與創造的科學家，也有一大批提供藝

文珍品的文學家、藝術家，其肖像都登上了鈔票，不似其他洲大多是政治人物。歐洲國家重視歷史與傳承，所以有意義之建築與文物圖像也登上了鈔票。歐洲貨幣防偽一流，特別是歐元及瑞士法郎是其中佼佼者，值得品味再三。

本書出版時曾獲下列榮譽：

(1) 2012年好書大家讀第62梯次知識性讀物組得獎。

(2) 2013年網路票選人文及社會類優良書籍第五名。

(3) 2013年文化部第35次優良課外讀物入選。

本書也特別感謝下列網站，使作者從中獲取豐厚知識：

(1) 世界紙鈔網（中國）

　　http://www.ybnotes.com/

(2) 世界の紙幣NEWS（日本）

　　http://www23.ocn.be.jp/%7Euemura

(3) Southern African Paper Money（南非）

　　http://members.xoom.com/papermoney/index.htm

(4) NEAL's Collectable Currency（美國）

　　http://members.AOL.com/NCCurrency/Currency.html

(5) AA NOTES Collectable Paper Money Site（英國）

　　http://www.aanotes.com/collecting/banknotes/frameset.htm

(6) E-Worldbanknotes.com（加拿大）

　　http://www.e-worldbanknotes.com/

在新版中（幣稱省略）

一、增列	二、更換
愛爾蘭/100	歐元/5/10/20
瑞士/10/20/50/200	英國/5/10/50
荷蘭/1,000	白俄羅斯/5/10/20/50/100/200
俄羅斯/200/2,000	烏克蘭/20/100/500
義大利/500,000	匈牙利/1,000
馬其頓/200/2,000	瑞典/20/50/100/200/500/10,000
冰島/1,000	
拉脫維亞/100	
挪威/100/200	

莊銘國　謹識

Contents

第二篇 東歐 East Europe

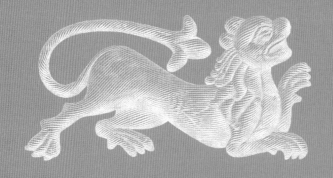

第三篇 南歐 South Europe

第四篇 北歐 North Europe

序篇 認識歐元 Euro

- 歐元是人類歷史上一大創舉，它誕生於1999年1月1日，2002年起，實體紙鈔發行，使用歐元的國家從一開始的十二個國家，到2017年底，已達十九個國家，也是世界上3.3億人的法定貨幣，流通量比美元還多。

- 歐元使大部分的歐洲國家在經貿上取得極大方便，不必煩惱匯兌損益，以及各國幣值之升貶，赴歐洲旅行者的錢包不必再裝一堆數不清的零錢。單一貨幣可促進歐洲整體經濟，增強歐洲國際地位，也有利於政治整合。歐盟單一市場獲益更多，單一金融有利匯率穩定。

- 榮獲諾貝爾經濟學獎的孟岱爾(Robert Mundell)，被譽為「歐元之父」，在1961年發表「最適通貨理論」。提出單一貨幣概念，經過漫長歲月的努力，歐元終於誕生，想加入歐元區的國家必須具備：(一)國家財政赤字不能超過GDP之3%，(二)國家債務不能超過GDP之60%，(三)國家的長期利息不得超過3%。只要成員國的經濟財政維持上述水準，歐元自然能維持下去。

- 歐元區立意雖好，由於吃大鍋飯心態，有些國家就不斷透支、舉債，南歐四豬（PIGS：葡萄牙、義大利、希臘、西班牙）國家財務面臨危機，但在歐元失去個別彈性調整的空間。

- 若退場機制建立，「不及格」國家一一脫離歐元區，自行了斷、療傷，則歐元丕變，在經貿、產業都將大幅改善。歐元何去何從，讓我們拭目以待。

歐元(Euro)自1999年1月1日在歐盟(European Union)區十二個國家（德國、法國、荷蘭、芬蘭、希臘、西班牙、愛爾蘭、義大利、盧森堡、奧地利、葡萄牙和比利時）開始通行試用，在2001年1月1日完全取代各國貨幣，正式成為歐盟十二個國家的通用貨幣，並延伸至海外領地：葡屬馬德拉、亞速爾、法屬留尼汪、圭亞那。創始會員國中，英國、丹麥、瑞典不使用歐元。2007年1月斯洛維尼亞加入，成為第十三個使用歐元的國家。其後陸續於2008年1月1日馬爾他、塞普勒斯，2009年1月1日斯洛伐克，2011年1月1日愛沙尼亞，2014年1月1日拉脫維亞，到2015年1月1日立陶宛，皆成為使用歐元的成員國，共計十九個國家。此外，古老小國摩納哥、安道爾、聖馬利諾、梵蒂岡及從南斯拉夫獨立的蒙特內哥羅和科索沃也使用歐元。

　　歐元的紙幣為奧地利的設計師羅伯特・卡利納(Robert Kalina)所設計，主題是「歐洲的時代與風格」。紙幣面值分別是5、10、20、50、100、200和500元，面積依面值增加而變大，顏色依面值從小到大分為灰色、紅色、藍色、橙色、綠色、黃褐色、淡紫色。（2017年起，歐元開始改版，主要的數字金額移往中間，正／反面內容不變）

【5歐元紙鈔正面】

【5歐元紙鈔反面】

◎古典希臘式（Classical五世紀）建築及水道橋
歐洲最具代表性的建築物為希臘雅典的衛城，外觀以愛歐尼克(Ionic Order)和多立克(Doric Order)兩種柱式建築風格，呈現希臘藝術高貴的單純和靜穆的偉大。

歐元紙幣印有許多與歐陸有關的意象：

■歐元拉丁文字EURO，希臘文字EYPΩ和保加利亞文EBPO字樣。

■歐盟十二顆五角星旗幟：十二顆五角星代表十二個國家在歐元區共存共榮的現象，彼此間的活力與和諧。

■歐盟銀行總裁的簽名。

■歐洲中央銀行的縮寫字以幾種不同的官方語言「BCE」（法語、葡萄牙語、義大利語、西班牙語）、「ECB」（英語、荷蘭語、瑞典語、丹麥語）、「EZB」（德語）、「EKT」（希臘語）、「EKP」（芬蘭語）並列。

■紙幣正面上的「門」和「窗」圖案象徵歐盟推案「合作」和「坦承」的精神。

■紙幣反面上的各種「橋梁」圖案，則象徵歐盟境內的國家與人民之間、歐盟與世界各國的溝通管道暢行無阻。

■「門」、「窗」、「橋梁」圖案代表著歐洲從古至今，各時期的建築風格和文化演進。

【10歐元紙鈔正面】

【10歐元紙鈔反面】

◎羅馬式（Romanesque十一至十二世紀）建築及石橋

代表性建築物為義大利羅馬廣場、羅馬競技場、巴拉丁山上的阿波羅神廟、凱薩紀念堂等。羅馬式建築為拱圓形結構式，常有梁柱結構的門廊，用精緻的雕飾來豐富羅馬人的奢侈豪華的風氣和審美習慣，建築物同時也表現了雄偉壯麗和富麗堂皇。

【20歐元紙鈔正面】

【20歐元紙鈔反面】

◎哥德式（Gothic十三至十四世紀）建築及弧形橋
代表性建築有德國科隆大教堂及馬格德堡大教堂。哥德式建築代表神權時代，當時建築物以尖拱式教堂為主，選用直入藍天的尖塔，以及彩色玻璃鑲嵌的門窗。由外看內是黑漆漆，由內望外卻是五彩繽紛，意即信教後，生命是彩色的。

【50歐元紙鈔正面】

◎文藝復興式（Renaissance十五至十六世紀）建築及磚混結構橋
代表建築物有義大利比薩教堂、威尼斯的總督府、德國奧格斯堡市政廳及巴登的腓特烈大浴池。文藝復興式建築是隨著人文主義思潮而出現的建築風格，建築輪廓講求整齊劃一，強調比例與條理性。建築外觀中間突出，兩旁對稱，窗間設置壁畫或雕像。

【50歐元紙鈔反面】

【100歐元紙鈔正面】

◎巴洛克式和洛可可式（Baroque and Rococo十七至十八世紀）建築及柱式橋

巴洛克建築的代表其一即為義大利建築師維尼奧拉(Giacomo Barozzi da Vignola)設計的羅馬耶穌會教堂。巴洛克式建築追求自由奔放的風華，反對僵化的古典文化，建築融合了雕刻、繪畫，在藝術上充滿戲劇性和虛構的情節，使用鮮豔的色彩，隱藏光源、奢華的器物及精巧和對比的結構。洛可可式建築代表有威斯巴登的黑森州立劇院，慕尼黑的宇芬堡和阿瑪麗思的狩獵行宮。洛可可式建築為一種裝飾的風格，內部裝飾精巧繁瑣和華麗是最大的特點，整體建築講究線條曲折多變，光線使人有氣勢雄偉、生氣蓬勃的感覺。

【100歐元紙鈔反面】

【200歐元紙鈔正面】

【200歐元紙鈔反面】

◎金屬和玻璃式（The Age of Iron and Glass十九至二十世紀）建築及拱式橋

代表性建築有倫敦的水晶宮，用玻璃裝飾，晶透明亮。

十九世紀西方的建築是城市整體意識的規劃，趨向科學和民主化，建築物特徵與用途充分在外形表現出來，此時的建築物像是「會說話的建築物」。

【500歐元紙鈔正面】

【500歐元紙鈔反面】

◎二十世紀現代化（Modern 20th Century Architecture二十至二十一世紀）建築及索拉式橋

代表性建築有雪梨歌劇院、美國芝加哥西爾斯大樓、西班牙畢爾包之古根漢美術館。

歐洲眾多國家共同發行一套貨幣，應用什麼主題？如選用某某偉人、歷史建物、特殊動植物，因民族大義作祟，可能引起其他成員國不滿或反對，還有哪一國之人事物要放低值、中值、高值面額上，這都是極為敏感之事。歐盟中央銀行極巧妙地運用虛構之門窗及橋梁，代表合作與溝通，低值至高值依時間由遠至近排列，解決以上種種問題。500歐元金額頗高，很多國家鮮少使用，歐洲中央銀行在2016年5月決定不再新增印刷500歐元面值紙鈔。

　　若干歐洲迷你小國也允許改採歐元為流通貨幣，它們是安道爾、摩納哥、聖馬利諾、梵蒂岡及新獨立的蒙特內哥羅，而科索沃則是單方採用歐元，以下茲分別介紹：

安道爾 Andorra

面積：468 平方公里（法西交界處）
人口：7.7 萬人
首都：老安道爾 (Andorra la Vella)
貨幣：歐元 (Euro)

安道爾受法國、西班牙兩國保護，因此國旗取用了法國國旗的藍色和西班牙國旗的黃、紅兩色，而制訂了這面集大成的三色旗（與羅馬尼亞、查德完全相同），後來又在黃色部分加上領主的家徽。
安道爾是非常小的內陸國，初期經濟以畜牧及農業為主，現轉型為商業及旅遊業，全國面積約五百平方公里，人口約八萬人，是個迷你型國家。

摩納哥 Monaco

面積：2 平方公里（法義交界處）
人口：3.8 萬人
首都：摩納哥市 (Monaco-Ville)
貨幣：歐元 (Euro)

紅、白兩色自古即代表皇家的顏色，而摩納哥上紅下白的國旗與印尼國旗相同。摩納哥是位於歐洲的城邦國家，也是世界上面積第二小的國家（僅次於梵蒂岡），開車不到十分鐘即可穿越整個國家。
摩納哥地處法國南部，除了靠地中海的南部海岸線之外，全境北、西、東三面皆由法國包圍，受法國保護。摩納哥是世襲國王制，前王妃葛麗絲是美國知名明星，但不幸車禍身亡。收入主要來自旅遊業、不動產、銀行、保險、郵票，還有聞名的蒙地卡羅 (Monte Carlo) 賭場和賽車。

聖馬利諾 San Marino

面積：61 平方公里（義大利境內）
人口：3.2 萬人
首都：聖馬利諾 (San Marino)
貨幣：歐元 (Euro)

國旗上的白色象徵白雪皚皚的山巒及國民純潔的心，藍色表示蔚藍的天空，三座白塔代表山峰的三座堅固城池，金色公爵皇冠表示聖馬利諾曾受教皇庇護，緞帶上有拉丁文的「自由」，是世界現存最古老的共和國。
聖馬利諾自西元 300 年建國，位於歐洲南部，義大利半島東部，全國被義大利包圍，是義大利境內的國中國。境內風景如畫，但缺乏資源，以發行郵票及紀念幣著稱。

梵蒂岡 Vatican

面積：0.44 平方公里（義大利羅馬境內）
人口：800 人
首都：梵蒂岡 (Vatican)
貨幣：歐元 (Euro)

國旗上的金、銀兩色象徵和平與仁愛，同時也代表著教宗的威儀與職責，皇冠象徵教宗的最高權力。兩把交叉的鑰匙是耶穌授與門徒彼得通往天國之鑰，又稱為「聖彼得之鑰」。教廷國旗與瑞士一樣，是世界獨二的正方旗。

梵蒂岡在義大利境內，是世界最小的國家，當地人口只有約八百人，卻擁有全世界超過十億的信徒。境內主要的聖彼得教堂，其內藝術品皆是稀世珍品，每天都有眾多信徒或觀光客來朝聖。1929 年 2 月，義大利墨索里尼政府與教廷簽署「拉特朗條約」，正式承認其國際地位。梵蒂岡的領導者是教宗，教宗由樞機主教選舉產生，是終身職。

蒙特內哥羅 Montenegro

面積：1.4 萬平方公里
人口：62.6 萬人
首都：波德里查 (Podgorica)
貨幣：原與塞爾維亞共同使用南斯拉夫貨幣，2006 年獨立後，
　　　開始使用歐元 (Euro)

蒙特內哥羅國旗是紅底金框，其內有隻雙頭鷹，蓋受拜占庭文化影響。鷹頭頂皇冠，爪握權杖及毛球，胸前有藍天綠地，上有金獅，皆有典故，是一面複雜的國旗。

蒙特內哥羅又名黑山共和國，位於巴爾幹半島的西南、亞得里亞海東岸。以前屬南斯拉夫聯邦，1991 年聯邦發生內戰，聯邦中斯洛維尼亞、克羅埃西亞、赫塞哥維納及馬其頓獨立，2002 年南斯拉夫改名「塞爾維亞及蒙特內哥羅」，2006 年 6 月，蒙特內哥羅舉行公民投票，脫離塞爾維亞，正式宣布獨立，成為第一百九十二個加入聯合國的國家。此國名當地語是「黑山」之意。

科索沃 Kosovo

面積：1.1 萬平方公里
人口：188.3 萬人
首都：普里斯汀納 (Pristina)
貨幣：原與塞爾維亞共同使用南斯拉夫貨幣，2008 年獨立後，
　　　開始使用歐元 (Euro)

科索沃原為塞爾維亞的自治省之一，但因種族（科索沃境內大多為阿爾巴尼亞人）及宗教（塞爾維亞信奉東方正教，科索沃則信奉回教）問題，導致科索沃要求脫離塞爾維亞獨立，目前正積極申請入聯合國。

2015年歐洲央行採納法國商人Richard Faille，以歐洲名勝古蹟製造紀念鈔的理念（原歐元背景皆為虛擬的建築），開始發行0歐元的鈔票，作為旅遊紀念鈔。它係歐洲央行批准發行，並由同一印鈔公司印行，亦有歐洲央行長簽名，防偽印記也不少。雖然面值為0，但仍需用錢購買。2017年德國為紀念馬丁路德之宗教革命500週年(1517-2017)，亦發行0歐元的鈔票。其實早在2007年間，印度就有非政府組織第五柱(5th Pillar)，為抗議嚴重貪汙問題，發行0盧比(Zero rupee note)，仿50印度盧比印製（見《亞洲鈔票故事館》印度部分）。

歐元國家識別碼

歐元紙鈔系列號前綴字母代表發行國家

	字母	國家		字母	國家
1	D	愛沙尼亞	11	P	荷蘭
2	E	斯洛伐克	12	R	盧森堡
拉脫維亞及立陶宛未分配代碼			13	S	義大利
3	F	馬爾他	14	T	愛爾蘭
4	G	塞普勒斯	15	U	法國
5	H	斯洛維尼亞	16	V	西班牙
6	J	（英國）	17	W	（丹麥）
7	K	（瑞典）	18	X	德國
8	L	芬蘭	19	Y	希臘
9	M	葡萄牙	20	Z	比利時
10	N	奧地利			

註：（ ）內國家尚未發行歐元，其內之國家為預留；

圖表註：1 歐元≒ 33.57 新臺幣 (2020 年行情)

第一篇 西歐
West Europe

- 西歐面臨大西洋，是溫帶海洋氣候，適合居住，有利農牧發展，航運發達、工商鼎盛、人文薈萃，曾是世界重心。

- 聯合國界定，西歐有奧地利、比利時、法國、德國、愛爾蘭、瑞士、列支敦斯登、盧森堡、荷蘭、英國、摩納哥。

- 瑞士未加入歐盟，仍使用瑞士法郎，屬強勢貨幣。2016年6月，英國通過脫歐公投，從一開始，英國就不用歐元，而使用英鎊。其餘各國2002年1月1日同步使用歐元，本文也說明各國原使用貨幣，讓讀者有所認識。

奧地利 音樂之都
Austria

⑤ ⑩ 50 100

面積：8.4萬平方公里

人口：871.1萬人

首都：維也納(Vienna)

現行貨幣：歐元(Euro)

原使用貨幣：先令(Austrian Schilling)

1歐元≒13.7603奧地利先令

主要產業：造紙、化學、鋼鐵、機械、電子、紡織

奧地利印象：圓舞曲、莫札特、卡夫卡、施華洛世奇、藍色多瑙河、佛洛伊
德、舒伯特、史特勞斯、水晶、音樂之都

傳說在十字軍第三次東征時，奧地利公爵雷歐伯特英勇殺敵，戰袍都被鮮血所染紅，唯獨中間鐵甲部分沒被血水所染，尚殘留白色，神聖羅馬帝國因此頒布紅白紅勳章表揚。根據這段史話，紅與白成為今日奧國國旗的顏色，紅色代表愛國和犧牲，白色象徵和平與純潔。奧地利有豐富的文化遺產、浪漫的音樂、景緻優美的山景，冬季滑雪吸引許多觀光客，電子、化學、金屬工業也很發達，還有世界有名的福利制度，是人間的世外桃源。

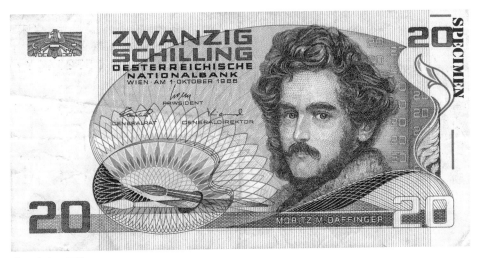

【20先令正面】
◎奧地利水彩畫家達芬格(Moritz M. Daffinger, 1790-1849)，其代表作《伯爵夫人》、《拿破崙》。

【20先令反面】
◎維也維阿爾貝蒂娜博物館(Albertina Museum)
收藏世界許多重要的版畫、印象派油畫及水彩畫，達芬格的畫作亦收藏在其中。

【50先令正面】
◎奧地利心理學家西格蒙‧佛洛伊德(Sigmund Freud, 1856-1939)，是精神分析的開創人和奠基者，尤其是潛意識研究，探索人類浩瀚的內心世界及精神生活，著作有《夢的解析》等。

【50先令反面】
◎維也納約瑟夫(Josephinum)醫學院
由1785年奧匈帝國約瑟夫二世(Joseph II)下令建造，佛洛伊德曾在該院擔任住院醫生。

【100先令正面】

◎奧地利經濟學家尤金‧龐‧巴維克(Eugen Böhm Bawerk, 1851-1914)

他分析價格、價值、資本和利息等許多問題，認為干預是擾亂市場經濟，他三度被認命為財務大臣，努力實踐金本位、自由貿易、預算平衡、取消出口補貼及壟斷特權，並形成了奧地利學派經濟學。

【100先令反面】

◎位於維也納的國家科學院(National Academy)

國家科學院旨在促進各領域科學與人文學科的發展，巴維克曾擔任該院院士。

【500先令正面】
◎奧地利女權運動領袖羅莎・麥瑞德(Rosa Mayreder, 1858-1938)，也是一位畫家、作家。

【500先令反面】
◎圖上兩照片是羅莎與其夫婿建築師卡爾・麥瑞德(Karl Mayreder, 1856-1935)，背景是一群女權運動者。

【1,000先令正面】

◎卡爾・蘭德斯坦納(Karl Landsteiner, 1868-1943)

奧地利免疫學家卡爾・蘭德斯坦納是血型的發現者，1901年在〈論正常人血液的凝集現象〉論文中，用簡單檢測，把血液分成A、B、O三型，1902年再發現AB型，1940年與英國醫生維納(A. Wiener)共同發現ABO(Rh)血型。他在1930年榮獲諾貝爾醫學獎。

【1,000先令反面】

◎卡爾・蘭德斯坦納在實驗室工作的情景。他在研究病理學、免疫學，取得巨大成就。1943年6月26日因心臟病發作，在美國紐約的試驗室內過世。

奧地利位於歐洲的中心位置，是歐洲重要的交通樞紐，文化高雅、建築精緻，是世界音樂之都。奧地利受人文、科學、藝術的薰陶，產生了許多揚名世界的音樂家、藝術家、科學家。

奧地利先令素以沉悶著稱，末代奧地利先令繼續選用歷史文化名人的肖像，背後則是與正面人物工作、活動相關之場景。500及1,000奧地利先令是全球首創採用雙色珠光油墨，在「防偽」上領先群倫。奧地利紙鈔在設計上較保守，但雕刻水準高超，有高貴之風。奧地利先令屬永遠保值貨幣，隨時可兌換。

比利時 歐洲首都
Belgium

⑤ ⑩ 50 100

面積：3.1萬平方公里
人口：1,156.8萬人
首都：布魯塞爾(Brussels)
現行貨幣：歐元(Euro)
原使用貨幣：比利時法郎(Belgian Franc)
1歐元≒40.3399比利時法郎
主要產業：醫藥品、鋼鐵、石化、鑽石加工、電器製造、化學藥品
比利時印象：巧克力、刺繡、紅魔鬼足球隊、歐盟總部、滑鐵盧、原子博物館

黑色代表堅強的愛國心，紅色為保衛國家的熱情，黃色象徵國家的財富與豐收及擁護王室的決心。

比利時面積三萬平方公里（比臺灣略小），人口約一千萬，但國民所得甚高，有世界最密集的鐵路網、繁忙的機場及海港，都市建築及運河甚有風情。比利時也是鋼鐵主要生產國，同時也是最大鑽石中心。談到比利時，也會想到「尿尿小童」，小人物立大功！

比利時，在歷史上經常面臨巨大威脅，例如：拿破崙戰役和兩次世界大戰。比利時也曾在非洲進行殖民統治，例如：剛果、盧安達、蒲隆地、查德，因此在歷史上與非洲之間密不可分。比利時對歐洲整合抱持相當積極的態度，歐盟和北約總部相繼設在比利時。

【100比利時法郎正面】

◎比利時畫家及版畫家詹姆斯‧恩索爾(James Ensor, 1860-1949)，是現代美術先驅者，右側為其作品〈死亡與面具〉(Death and the Masks)。

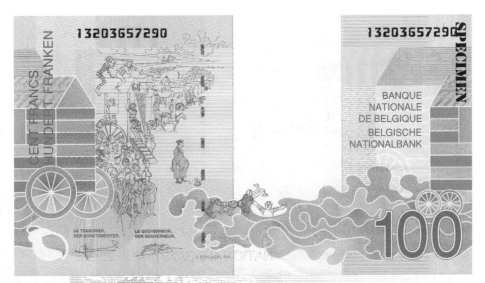

【100比利時法郎反面】

◎恩索爾版畫作〈海濱的場面〉，表現比利時海港城市奧斯坦德(Ostend)的風光，刻畫人生百態。比國政府以133萬歐元買下，現珍藏於比利時根特美術館(Museum voor Schone Kunsten Gent)。

【200比利時法郎正面】

◎比利時樂器製造家阿道夫・薩克斯(Adolphe Sax, 1814-1894)。右方為薩克斯風和五線譜。

阿道夫・薩克斯在十四歲時，自己做了一支豎笛，並且經常在歐洲贏得各種獎項。他是一個罕見的天才，一個雙手與頭腦一樣靈巧的發明家。而薩克斯風(Saxophone)的發明，可能是薩克斯無聊時把低音豎笛(bass clarinet)的吹嘴裝到低音大號(ophicleide)（一種用按鍵的銅管樂器）上所發現的。薩克斯風沒有在古典歐洲大行其道，反而在美國南部（特別在黑人區）大放異彩。

【200比利時法郎反面】

◎左方為演奏薩克斯風如醉如痴的景象，右方為薩克斯的故鄉迪南特(Dinant)，有房舍及教堂。

註：臺灣后里也成為薩克斯風故鄉，樂器演奏及製造，在此小鄉村幾乎是全民運動。

【500比利時法郎正面】

◎比利時畫家雷尼・馬格利特(Rene Magritte, 1898-1967)

馬格利特是比利時的超現實主義(Surrealism)畫家，畫風帶有明顯的符號語言，影響了今日許多
插畫的風格。中間有樹上之鳥，右側為一聳立之樹，均取自其作品。

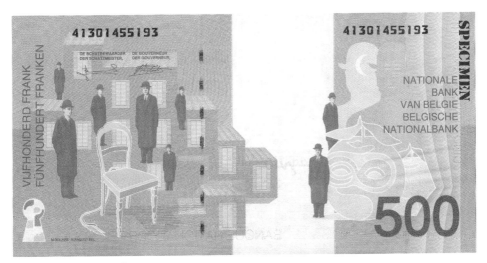

【500比利時法郎反面】

◎馬格利特的畫作〈Golconde〉之局部，畫中成千上萬的紳士，似雨滴般從天而降。

他的畫作以寓意豐富而聞名，「超現實主義」的寫實手法，令人著迷。

此油畫典藏於美國休士頓梅尼勒美術館(Menil Collection,Houston)。

【1,000比利時法郎正面】
◎康斯坦特・佩爾梅克(Constant Permeke, 1886-1952)
比利時畫家及雕刻家，獨特畫法使他成為二十世紀表現主義、超現實主義和達達主義的主要先
驅。他使用嚴厲、花俏的顏色和激烈、毀壞增大主題的效應。他的作品對二十世紀繪畫有重要的
影響，特別是他的筆觸畫法(brushwork)和調色技巧(coloristic)。
◎背景：其作品〈揚帆之帆船〉。

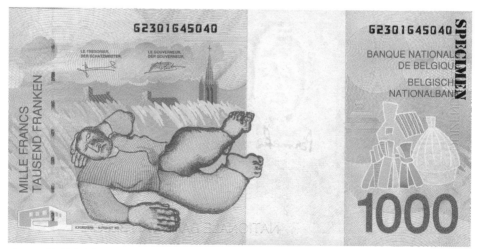

【1,000比利時法郎反面】
◎左側為佩爾梅克的畫作〈熟睡之農夫〉(Sleeping Farmer, 1929)，畫家刻意放大農夫的手腳，
象徵農夫辛勤的勞動；右側為畫作〈收穫〉(1928)，均收藏於英國Tate Gallery美術館。

【2,000比利時法郎正面】
◎巴隆・維克多・霍爾塔(Baron Victor Horta, 1861-1947)
比利時建築師，他所設計的塔雪爾旅館，裝飾曲線被稱為「比利時線條」——反覆利用凹凸以產生旋轉性的觀點。

【2,000比利時法郎反面】
◎新藝術主義(Art Nouveau)典型設計風格
新藝術主義為起源於十九世紀後期和二十世紀初期的一種建築和裝飾風格，以歐洲為中心，但是十九世紀末就盛行全世界。特點就是用流動曲折的線條描繪出葉子和花卉。

一鈔一世界

歐洲文化歷經文藝復興的洗禮，因此擁有許多藝術成就非凡的創作家，而重視此項藝術文化的比利時人便將多數的創作家肖像及作品圖像放置在鈔票上，讓世人能藉此懷念他們。此末代比利時紙鈔的主題是「比利時文化藝術名人」，人物形象雕刻得非常精美，有德國及荷蘭的味道。比利時法郎永遠保值（1歐元≒40.3399比利時法郎）。

法國 藝術殿堂
France

（5）（10）[50] [100]

面積：55.2萬平方公里
人口：6,556.9萬人
首都：巴黎(Paris)
現行貨幣：歐元(Euro)
原使用貨幣：法郎(Franc)，也是摩納哥與安道爾的流通貨幣
1歐元≒6.55957法國法郎
主要產業：核能、航太、藥品、鋼鐵、汽車、農產品、葡萄酒、香水
法國印象：塞納河、香榭麗舍、CHANEL、吻、聖母院、不說英文、艾菲爾鐵
　　　　　　塔、時裝、浪漫、拿破崙、孟德斯鳩、雨果、大仲馬、法國大餐、
　　　　　　羅浮宮、凱旋門、路易十四、世界花都

國旗顏色源自於法國大革命時，革命軍所戴的紅藍帽章加上波旁王室的白色，藍、白、紅也象徵自由、平等和博愛。隨著拿破崙的東征北討南伐，全歐洲受其影響，大多使用三色旗。迄今法國仍是引導世界流行的重鎮，如建築、繪畫、音樂、服飾、奢侈品等。法國為世界重要的農產品出口國及工業國，至法國旅遊的人口，長久以來均居世界第一。

　　法國在路易十四及拿破崙時代達到全盛時期，後來敗於英國及德國，國力減退。為了避免戰爭，法德和解，成為歐洲整合的原動力，現在的法國仍對全世界具有影響力，為G8、G20中的一員和聯合國五大常任理事國。

【50法郎正面】
◎安東尼‧聖修伯里(Antoine de Saint-Exupéry, 1900-1944)
法國飛行員，也是作家。1944年7月的最後一天，安東尼‧聖修伯里執行一次日常飛行任務，從
此再也沒有回來。他的作品《小王子》和《人類的大地》，成為法國人乃至全世界人心目中的理
想主義。2004年4月7日，對法國人來說是非常重要的一天──法國文化部打撈小組正式宣布，
他們在馬賽外海發現了六十年前失蹤的著名法國作家安東尼‧聖修伯里所駕駛的飛機殘骸，從而
揭開了他的生死之謎。
◎背景是歐洲與非洲的航行地圖，左下角是《小王子》書上「小惑星B-612」。其家鄉里昂的機
場以他的名字命名。

【50法郎反面】
◎安東尼‧聖修伯里曾經駕駛Breguet號雙翼飛機飛越沙漠；右下側為小王子畫像。

【100法郎正面】

◎保羅・塞尚(Paul Cézanne, 1839-1906)

塞尚是法國印象派畫家，他的作品大都是自己藝術思想的表現，使西方畫家從追求真實地描繪自然，開始轉向表現自我，被尊稱為「現代藝術之父」。

◎背景為塞尚油畫作品，上方是〈艾斯塔克海邊〉(The Sea at Estaque)，下方是〈玩紙牌的人〉(The Card Players)。

【100法郎反面】

◎塞尚的靜物作品〈蘋果與餅乾〉(Apples & Biscuits)，收藏於法國橘園美術館。

在畫中表現結實的幾何體感，而忽略物體的質感及造型的準確性，其名言：「對比與色調是繪畫與立體感的祕密。」右上為八色圓盤。

【200法郎正面】
◎古斯塔夫・艾菲爾(Gustave Eiffel, 1832-1923)
法國知名建築師，是生鐵結構的大師，他多產的成果包括了橫跨四大洲數以百計的工廠、教堂、鐵路高架橋及橋樑。建造這座高324公尺的艾菲爾鐵塔雖然引來激烈的反對聲浪，但事實即為明證，往後四十年中，它一直是全世界最高的建築物，也是巴黎的地標。
◎背景是他設計的加拉比高架橋(Garabit Viaduct)的輪廓圖，下方有多色同心圓，代表受空氣動力學之啟發。

【200法郎反面】
◎艾菲爾鐵塔
鐵塔由艾菲爾所設計，因此以他的名字命名為「艾菲爾鐵塔」，係為1889年巴黎世界博覽會所建造。
◎背景的建築是藝術館(Palace of Fine Arts)及機械玻璃館(Glass Gallery of Machines)。

【500法郎正面】

◎居禮夫人(Marie Curie, 1867-1934)和居禮先生(Pierre Curie, 1859-1906)

右邊的居禮先生是法國物理學家、化學家，曾因發現放射性元素「鐳」而獲得諾貝爾物理學獎。左邊的居禮夫人是物理學家和放射化學家，1903年和丈夫分享了諾貝爾物理學獎，1911年又因放射化學方面的成就獲得諾貝爾化學獎，成為第一位兩度獲得諾貝爾獎的得主。1955年兩人一起移葬法國最有名的先賢祠。居禮夫人是波蘭裔，波蘭在2011年底發行居禮夫人獲獎一百週年紀念鈔。

【500法郎反面】

◎居禮夫婦做化學實驗用的試驗器皿，化學元素鋦(Cm)就是為紀念居禮夫婦而命名。背景在右上角是原子結構模型，左上角是磁場中的核衰變。

一鈔
一世界

法國人不僅熱愛人文、藝術，對科學家、思想家、作家、數學家更是推崇備至，對世界產生重大影響。至於所謂的英明帝王和蓋世英雄，則不在紙鈔殿堂之列，可見法國歷史輝煌，有著雍容的氣度。

法國紙鈔設計獨特，採印象主義風格，色澤飽滿，華麗精美，淡化細節，紙張略薄，但堅韌挺拔，文化底蘊無可取代。法郎自2012年1月1日起，徹底作廢。

德國 汽車大國
Germany

⑤ ⑩ 50 100

面積：35.7萬平方公里
人口：8,300萬人
首都：柏林(Berlin)
現行貨幣：歐元(Euro)
原使用貨幣：馬克(Deutsche Mark)
1歐元≒1.95583德國馬克
主要產業：鋼鐵、水泥、機械、汽車、化工、航太、電子
德國印象：Made in Germany、貝多芬、啤酒、足球、馬克思、哥德、巴哈、哲
　　　　　　學、柏林圍牆、鐵與血、BMW、VW、Benz、工業4.0

　　國旗顏色取自於十九世紀幫助德國統一的學生義勇軍的制服，這群義勇軍身穿黑色披風，戴著紅色肩章及金黃色的鈕扣。黑色表示勤勉與力量；紅色代表國民的熱情；金色象徵榮譽的精神。也有一說，神聖羅馬帝國的旗幟是黃底黑鷹，鷹爪及鷹嘴是紅色，所以黑、紅、黃成為日耳曼三色。德國高效率的技職教育、實事求是的工作態度和高品質團隊是該國成功的關鍵。德國是世界大經濟體及貿易國，最有名的是汽車、化工、機械。

　　從前，德國是「地理名詞」，四分五裂。由俾斯麥完成統一大業，成為歐陸大國。經歷兩次大戰宣告戰敗，德法和解。1990年兩德統一，國富民強，在世界舞臺上擁有最大的發言影響力。

【5馬克正面】
◎阿爾尼姆(Bettina Von Arnim, 1785-1859)
阿爾尼姆是德國女作家。左邊背景圖案的豐饒角為羊角，象徵國家的財富和繁榮。中央背景為柏林皇宮(Berliner Schloss)，曾被摧毀，2007年重建。

【5馬克反面】
◎勃蘭登堡門(Brandenburger Tor)
勃蘭登堡門位於德國柏林，1788至1791年興建，為古典主義普魯士干國凱旋門，共有十二根多立克柱(Doric column)，前後兩邊各六根。門上勝利女神四銅馬(die Quadriga)被拿破崙於1806年取走，1814年歸還。世界二戰，蘇聯紅軍亦穿過此門攻入柏林，宣告希特勒第三帝國覆亡。此門曾是柏林圍牆存在時，分隔東西柏林的地標性建築之一，兩德統一時，在此升旗誌慶。

【10馬克正面】

◎高斯(Carl Friedrich Gauss, 1777-1855)

高斯是德國數學家、物理學家、天文學家。1777年4月30日生於布倫瑞克，1855年2月23日卒於哥廷根。高斯是近代數學奠基者之一，鈔票左側即有名的「常態分配圖」。在歷史上影響之大，可以和阿基米德、牛頓、歐拉並列，有「數學王子」之稱。

◎背景是由哥廷根(Gottingen)的歷史建築群（市政廳、天文館、大學大講堂）所組成。

【10馬克反面】

◎高斯發明的六分儀，用於航海、大地測量。

右側下圖是高斯用三角測量法丈量過的土地，中央下方就是不萊梅（Bremen，德國北方大港）。

【20馬克正面】
◎德羅斯特‧許爾斯霍夫(Annette von Droste-Hülshoff, 1797-1848)
是德國女詩人。
◎背景是米爾斯堡(Meersburg)，許爾斯霍夫的故居就在其內。

【20馬克反面】
◎許爾斯霍夫使用過的羽毛筆。
◎背景樹是山毛櫸(beech tree)──象徵她的名著《猶太人的櫸樹》。

【50馬克正面】
◎巴塔隆‧紐曼(Balthasar Neumann, 1687-1753)
紐曼是德國建築師，鈔票背景是其代表作，位於巴伐利亞萊茵河畔的維爾茨堡王宮(Warzbury Residence)。
◎維爾茨堡官邸是一座巴洛克建築，座落在德國維爾茨堡市中心。維爾茨堡官邸為侯爵主教住處，這個官邸呈現了南德巴洛克風情，也是歐洲後期巴洛克具代表性的官邸建築。它與維也納熊布朗(Schönbrunn)官邸、凡爾賽宮具有相同的藝術價值，並於1981年被聯合國教科文組織列為世界文化遺產。

【50馬克反面】
◎紐曼設計的三大建築物圖形
內勒斯海姆修道院教堂及圓頂、維爾茨堡主教府樓梯間和基青根‧埃特瓦斯豪森聖十字小教堂。右下角為聖十字小教堂平面設計圖。

【100馬克正面】

◎克拉拉・舒曼(Clara Schumann, 1819-1896)

克拉拉・舒曼是德國女鋼琴家，雍容華貴，被譽為最有氣質的女士。生於萊比錫，羅伯特・舒曼之妻。五歲隨父親學鋼琴，1831至1832年隨父首次旅行演出，李斯特等人對其演奏讚嘆不已。1840年結婚後，曾與丈夫一起去俄羅斯和義大利旅行演出，後定居柏林，並在法蘭克福高等音樂學院教授鋼琴。早期以演奏貝多芬的作品聞名，後期以演奏蕭邦和舒曼的作品著稱，演奏風格內斂而格調高雅。作品有鋼琴協奏曲、特性曲、藝術歌曲，曾編輯《羅伯特・舒曼全集》。

◎背景是萊比錫的市政廳及聖托瑪斯教堂。

【100馬克反面】

◎克拉拉・舒曼使用過的三角鋼琴，她主張真正的音樂家，不是一味的學習機械性的技術，而應培養個人的情操和感受力。背景是法蘭克福赫希音樂學院。

【200馬克正面】

◎保羅‧埃爾利希(Paul Ehrlich，1854-1915)

保羅‧埃爾利希是德國免疫學家、血液學家，亦是化學療法的奠基人之一。經606次實驗，發明治療梅毒的「砷凡納明」。因對免疫學的貢獻，於1908年與梅契尼科夫共同獲得諾貝爾生理學或醫學獎。

◎背景為法蘭克福的市政廳及聖保爾斯教堂。

【200馬克反面】

◎埃爾利希使用過的顯微鏡。

他創立「側鍵學說」，為傳染病的診斷、治療和預防提供良方。

【500馬克正面】

◎梅里安(Maria Sibylla Merian, 1647-1717)

梅里安是德國女性版畫家、自然研究家。

◎背景是紐倫堡的歷史建築，如皇帝堡、聖勞倫茨教堂(St. Lorenz Church)、聖塞巴德教堂(St. Sebald Church)、聖母教堂(Frauenkirche)、傳統民居(Traditional houses)、老城牆(Old wall)。

【500馬克反面】

◎梅里安所創作的蒲公英、蝴蝶、毛毛蟲的版畫。

是她於1679年的 《毛毛蟲的蛻變與奇異花卉》 一書中的插圖。

【1,000馬克正面】
◎格林兄弟──威廉‧格林(Wilhelm Grimm, 1786-1859)和雅可布‧格林(Jakob Grimm, 1785-1863)，兄弟畫像由丹麥女畫家鮑曼(Baumann)在1865年所畫。
他們都是德國民間文學蒐集整編者，出身官員家庭，均曾在馬爾堡大學學法律，又同在卡塞爾圖書館工作和哥廷根大學任教，1841年同時成為柏林科學院院士。他倆共同編成《兒童與家庭童話集》，其中的〈灰姑娘〉、〈白雪公主〉、〈小紅帽〉、〈勇敢的小裁縫〉等名篇，已成為世界各國兒童喜愛的童話故事。
◎背景由卡塞爾(Kassel)的歷史建築組成，如大力神紀念碑(Hercules Monument)、腓特烈(Fridericianum)博物館、獅堡自然歷史博物館等。

【1,000馬克反面】
◎格林兄弟的著作《德語大詞典》(Deutsches Worterbuch)的手稿。
◎背景為柏林國家圖書館(Berlin State Library)。

一鈔
一世界

德國以日耳曼民族為主，產生了許多著名的思想家、哲學家、音樂家、文學家等，例如：大家耳熟能詳的馬克思、貝多芬、歌德等，令人景仰的德國文化發展是如此的豐富多樣。鈔票正面上的偉大人物輪番上陣，人物是男女各半，真是兩性平權，而鈔票背面都與人物事蹟相關聯。德國紙鈔承襲德國一貫的嚴謹風格，防偽技術先進，色彩飽滿，人像雕刻水準高超，人像打點密集，尺寸亦大，看來更真實。馬克屬於永久保值貨幣，隨時可兌換。

愛爾蘭 幽默民族
Ireland

⑤ ⑩ 50 100

面積：7.0萬平方公里
人口：476.1萬人
首都：都柏林(Dublin)
現行貨幣：歐元(Euro)
原使用貨幣：愛爾蘭鎊(Irish Pound)
1歐元≒0.787564愛爾蘭鎊
主要產業：電腦軟體、儀器、機械、製藥業、電子、泥炭
愛爾蘭印象：U2樂團、黑啤酒、Baileys甜酒、翡翠鳥、愛爾蘭共和軍、歐洲矽
谷、歐洲農村、美國夢、小酒館、賽馬、天主教

綠色代表天主教居民；橙色表示英國國教居民；白色則象徵彼此的兄弟之愛。橙色與綠色互換，就成非洲象牙海岸國旗。

以前愛爾蘭資源有限，所以人口大量外移，住美國的愛爾蘭人比本國人多。有近三分之一的美國總統是愛爾蘭裔，例如：甘迺迪、布希、雷根和柯林頓等。現在愛爾蘭透過工會編制工資，並投資鋁鋅礦產及農業食品加工業，人力素質提升，並給外資優惠，外國公司前來投資絡繹不絕，經濟快速成長，連續多年成為歐盟模範生，從奄奄一息到生龍活虎。

【5愛爾蘭鎊正面】

◎凱瑟林・馬克歐利(Catherine McAuley, 1778-1841)

凱瑟林・馬克歐利是愛爾蘭修女，因繼承了一筆財產，隨即在首都都柏林創辦仁愛姊妹會(Sisters of Mercy)。背景圖案是愛爾蘭Mater Misericordiae醫院，這所醫院是由仁愛姊妹會投資興建的，並對貧困年輕女性施予教育及訓練，配給食物及衣著，讓她們可以順利找到工作。

【5愛爾蘭鎊反面】

◎在正面所提醫院所附設的教室裡學習的女孩們

教室內有一幅歐洲地圖，黑板上用蓋爾語書寫著愛爾蘭詩人Antoine Ó Raifteiri (1784-1835)的詩作〈Mise Raifteiri〉的前四行，翻譯成英文是：

I am Raftery the poet,

full of hope and love.

Having eyes without sight.

Lonely I rove.

【10愛爾蘭鎊正面】
◎詹姆士・喬伊斯(James Joyce, 1882-1941)
詹姆士・喬伊斯為愛爾蘭二十世紀富有獨創性和影響力的文學家，他的兩部作品對當代西方文學
影響頗大，即中篇小說《青年藝術家的肖像》與長篇小說《尤利西斯》。他在晚年幾乎雙目失
明，但仍然繼續寫作，並發表了最後一部長篇小說《芬尼根的覺醒》。
◎背景圖案是都柏林威克洛郡(Wicklow)及都柏林灣俯瞰。

【10愛爾蘭鎊反面】
◎愛爾蘭雕塑家愛德華・史密斯(Edward Smyth, 1743-1823)雕塑的頭像作品。這個雕塑頭像象
徵愛爾蘭母親河利菲河神(Liffey River God)。
◎背景是十九世紀都柏林的城市地圖。右上文字部分是喬伊斯的夢幻小說《芬尼根的覺醒》
(Finnegans Wake)手稿之一。

【20愛爾蘭鎊正面】

◎丹尼爾‧奧康奈爾(Daniel O'Connell, 1775-1847)

丹尼爾‧奧康奈爾是愛爾蘭憲章運動領袖。

◎背景的圖案是Derrynane修道院。

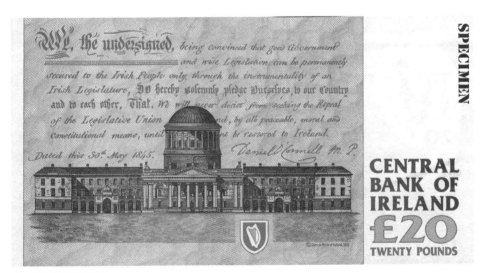

【20愛爾蘭鎊反面】

◎四法院(Four Courts)

四法院是愛爾蘭最高法院大樓，文字的部分是早期愛爾蘭政治家在1845年簽署的誓言。

【50愛爾蘭鎊正面】

◎道格拉斯‧海德(Douglas Hyde, 1860-1949)是愛爾蘭第一任總統。

◎背景圖案是位於都柏林市內鳳凰公園附近的愛爾蘭總統府(Aras an Uachtarain)。

【50愛爾蘭鎊反面】

◎愛爾蘭流浪風笛(Uilleann pipe)的演奏者，右邊為愛爾蘭聯盟(Conradh na Gaeilge)會徽

愛爾蘭聯盟以振興愛爾蘭語為主要目標，由海德總統於1893年創辦。背景中的文字是保存在愛爾蘭皇家協會(Royal Irish Academy)的愛爾蘭文字手稿。

【100愛爾蘭鎊正面】
◎愛爾蘭民族主義者查爾斯·斯圖爾特·巴涅爾(Charles Stewart Parnell, 1846-1891)後成自治運動領袖，背景為其出生地。

【100愛爾蘭鎊反面】
◎巴涅爾紀念碑，其上有其自治法案(Home Rule Bill)的宣言文字。

一鈔一世界

愛爾蘭鈔票的圖案也是以對國家有貢獻的人為主（鈔票上之人頭特別碩大，可做防偽效果），並且多以藝術的創作者為題。愛爾蘭的教育、政治、歷史、文化受到鄰近的英國很大影響，但是在個性方面，他們卻是熱愛自由，並擁有想像的天賦。愛爾蘭的紙鈔設計純樸，富含田園氣息，更代表國家內容與民族元素。鈔票上有很多底紋，令人看來舒暢。愛爾蘭鎊屬於永遠保值的貨幣，隨時可兌換。

瑞士 永久中立
Switzerland

⑤ ⑩ 50 100

面積：4.1萬平方公里

人口：857.4萬人

首都：伯恩(Bern)

現行貨幣：瑞士法郎(Swiss Franc)

1歐元≒1.167瑞士法郎

主要產業：觀光、酪農、手錶、電子、金融、醫藥、機械

瑞士印象：世界公園、鐘錶、銀行、軍刀、巧克力、中立國、精密工業、水力
發電、旅遊、雀巢咖啡、白朗峰

神聖羅馬帝國時代賞賜給瑞士人民一面紅底白十字的盾牌，作為自由的標誌。1848年，瑞士正式將紅底白十字旗定為瑞士國旗。瑞士一直以中立國自居，曾多次人道救援，而誕生後來與國旗相反顏色的「紅十字」，且在2002年才加入聯合國，僅早於東帝汶。瑞士國旗長寬比例是一比一。瑞士國旗的十字屬新教喀爾文派，是因反對羅馬教會腐敗，強調回歸聖經傳統而興起的教派，教規甚為清高。

瑞士缺乏資源，但致力工業技術，如鐘錶、製藥、精密精械、食品加工等皆舉世聞名，金融事業、旅遊事業、跨國企業更是獨步全球。

列支敦斯登 避稅天堂
Liechtenstein

⑤ ⑩ ⑤⓪ ⑩⓪

面積：160平方公里
人口：3.8萬人
首都：瓦都茲(Vaduz)
現行貨幣：瑞士法郎(Swiss Franc)
1歐元≒1.167瑞士法郎
主要產業：紡織、光學、化學品
列支敦斯登印象：迷你國、郵票、大理石、滑雪、旅遊、境外公司、雙重內陸國

藍、紅兩色分別象徵深藍色的星空與燃燒熾紅的爐火，也是兩位親王的主色，合而為一；王冠則代表人民與統治者所期望的是一樣的。

　　列支敦斯登面積一百六十平方公里，人口約三萬人，由瑞士負責其國防及外交。以前是畜牧國，二次大戰之後發展工業，以品質著稱，並有旺盛金融搭配，成為國民所得很高的國家。值得一提的是，其印行的精美郵票，使集郵者愛不釋手，又因是山國（與中亞的烏茲別克是世界唯二的雙重內陸國，就是本國是內陸國，而周遭的鄰國也是內陸國），也發展為旅遊、滑雪的首選，並鼓勵跨國企業來設境外公司，正所謂「小國大志氣」。

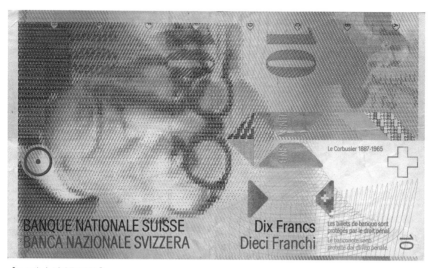

SPECIMEN

【10瑞士法郎正面】

◎勒‧柯布西耶(Le Corbusier, 1887-1965)

勒‧柯布西耶是出身於瑞士鐘錶家庭的建築藝術家、城市規劃家以及畫家，頗具盛名，1928年組織國際現代建築協會。他的名作〈走向新建築〉對學院派建築思想產生有力的衝擊，如底層採獨立支柱、自由平面、屋頂花園、橫向長窗、自由立面，他的風格被稱為「粗野主義」。

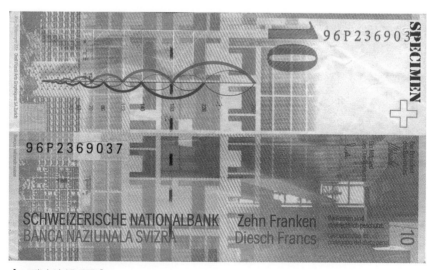

【10瑞士法郎反面】

◎印度昌迪加爾市行政建築群

建築群基於黃金分割法(1:0.618)的模數和人體比例設計，是從無到有興建起來之城市。此外，尚有馬賽公寓、朗香教堂、拉吐亥修道院，均是其代表作，被認為是現代建築的精品，可看出其非凡的藝術想像力和創造力。

【20瑞士法郎正面】

◎亞瑟‧奧涅格(Arthur Honegger, 1892-1955)

亞瑟‧奧涅格是音樂家「六人團」的作曲家之一，創作風格受法德音樂文化影響。專長於交響曲、管弦樂曲、室內樂曲，成名作有清唱劇〈火刑堆上的貞德〉、交響樂〈太平洋231號〉、詩篇〈大衛王〉、電影配樂〈拿破崙〉、〈罪與罰〉等。

【20瑞士法郎反面】

◎管弦樂作品〈太平洋231號〉

作品描寫的是蒸汽機車的啟動、加速、停車等。鈔票畫面上是「太平洋231號」大功率蒸汽機車、樂譜以及三個小號活塞、鋼琴鍵盤。

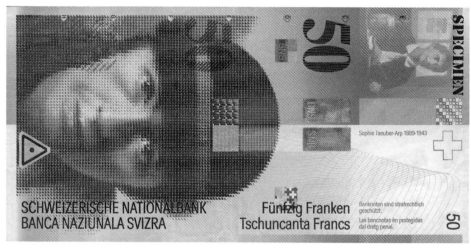

【50瑞士法郎正面】
◎索菲亞‧陶貝爾‧阿爾波(Sophie Taeuber-Arp, 1889-1943)
索菲亞‧陶貝爾‧阿爾波是瑞士抽象派女性藝術家。她的作品包括繪畫（新潮繪畫）、織物、木偶、雕塑等。全盛期在1930年代，作品大多珍藏於蘇黎世現代美術館。

【50瑞士法郎反面】
◎索菲亞的代表作：浮雕矩形、木雕〈達達的頭〉、〈奧貝特〉、〈開放的線〉。

【100瑞士法郎正面】

◎阿貝特‧傑克梅第(Alberto Giacometti, 1901-1966)

阿貝特‧傑克梅第是出身於瑞士，舉世聞名的雕塑家和繪畫大師。曾赴義大利、法國研修，其作品常揭示戰火之焦慮及戰爭罪惡。

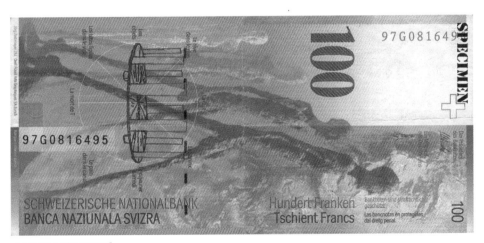

【100瑞士法郎反面】

◎傑克梅第的代表作

塑像〈行走中的男人〉及自傳〈司芬克斯與T之死〉插圖，表現相當頹廢。人類形象細長、直立、大步行走，以骨架式風格，呈現自然形象，作品具有豐富的視覺和哲學源泉。

〈行走中的男人〉曾在2010年以6,500萬英鎊的天價拍賣出，成為當年最貴的藝術品。

【200瑞士法郎正面】
◎夏爾‧費迪南‧拉繆(Charles Ferdinand Ramuz, 1878-1947)
瑞士法語作家，1902年赴巴黎，發表自由體詩集，作品有小說、散文、詩歌。

【200瑞士法郎反面】
◎日內瓦湖旁的拉拂谷地
這是拉繆手稿及作品中描寫的主題，包含山峰、湖泊。

一鈔
一世界

瑞士因地理因素，人們使用德、法、義及古拉丁羅馬語，鈔票有其代表人物，背後有他們成就的若干合成圖案。瑞士法郎之設計甚受好評，瑞士是世界印刷紙鈔水準最高國家，色彩運用、區塊編排、防偽技術，使愛好者有深刻印象。整體言之，全球數一數二。10瑞士法郎用色及架構被譽為上乘之作，100瑞士法郎在美國大衛‧史坦

【1,000瑞士法郎正面】
◎雅各‧布克哈特(Jacob Burckhardt, 1818-1897)
瑞士藝術與文化史學家。

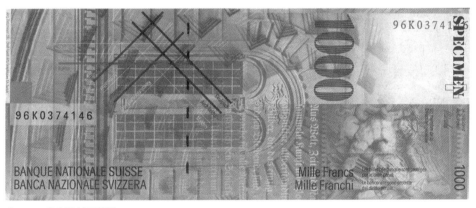

【1,000瑞士法郎反面】
◎帕加馬祭壇浮雕、羅馬萬神殿穹頂、佛羅倫斯斯特羅茲宮正面扇窗、相互交叉的三組直線，分別代表古代藝術、古典建築、文藝復興以及布克哈特歷史觀等四個主題。
（註：此鈔票價值約相當新臺幣30,000元，由於瑞士法郎最高額採用紫色，世界多國採用這種顏色為最高面值，如加拿大、挪威、丹麥、德國、英國等，新臺幣2,000元鈔亦是。）

迪什(David Standish)所著《金錢的藝術》一書，被選拔為世界最美麗十大鈔票之一。
由於瑞士是舉世公認的永久中立國，加上對金融、外匯的保護，使大量外匯湧入，所以瑞士法郎成為極受歡迎的國際結算與外匯交易貨幣，又稱傳統避險貨幣。

瑞士法郎新版鈔票正陸續推出，放棄過往的名人設計，著眼於瑞士的自然景觀，兼具人文特徵，呈現瑞士人透過設計元素看待全球的核心價值。茲將新版金額、基色及主題表列如下：

瑞士法郎金額	基色	主題
10	黃	時間Time
20	紅	光 Light
50	綠	風 Wind
100	藍	水 Water
200	棕	物質 Matter
1,000	紫	語言 Language

　　2016年4月推出50瑞郎新鈔，主題是「風」，正面是高山峻嶺，山前是跳傘飛翔的人；反面是拿著蒲公英的手和風向地球。此鈔榮獲有「鈔票界奧斯卡」美稱的IBNS（國際紙鈔協會）評選為2016年度最佳鈔票殊榮。

　　2017年5月推出20瑞郎新鈔，主題為「光」，正面是翅膀映射七色光的蝴蝶，以洛珈諾電影的森林房屋為背景；反面是一隻手握著水晶，折射光柱從水晶射出。

　　2017年11月推出10瑞郎新鈔，主題是「時間」，此鈔票榮獲2017年度IBNS評選為最佳鈔票殊榮（連續二年—雙響炮）。

【新版10瑞士法郎正面】
正面是上方為鐘錶王國瑞士的齒輪表，代表著
一分一秒直到一生一世，時間的飛逝。中間是
地鐵的隧道，宛如走入時間光廊中。

【新版10瑞士法郎反面】
反面是握著指揮棒的手，有節奏地指揮地球轉
動──自轉一圈為一天，公轉一圈為一年。

【新版20瑞士法郎正面】

【新版20瑞士法郎反面】

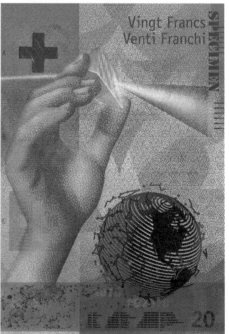

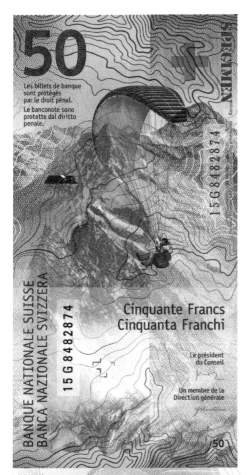

【新版50瑞士法郎正面】

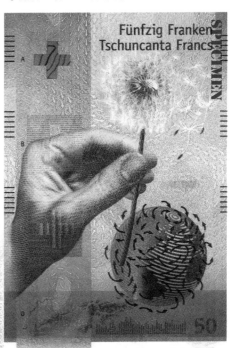

【新版50瑞士法郎反面】

2018年9月推出200法郎，主題是「物質」，正面是大型（100公尺）的大型強子對撞機（LHC）是世界能最高的粒子加速器，圖上是粒子探測器和粒子的碰撞，顯示瑞士的高端科研；反面有標示X軸、Y軸、Z軸的手指，比劃著一個三度空間，是物質膨脹的維度，描繪著宇宙大爆炸，手的下方展示「白堊世紀」（Gretaceous，一億年前侏羅紀時代）的地球大陸板塊，防偽安全條上有瑞士地圖及宇宙形成時間線，底紋繪有量子物理中組成物質的基本粒子。

【新版200瑞士法郎正面】

【新版200瑞士法郎反面】

以上的瑞士法郎新鈔用了閃光油墨、發光線條、窗口切口、紫外線元素、微觀文字等15種安全技術，達防偽最高水準。所有新鈔均採用雙層棉紙和一加強結構，比傳統紙鈔更加耐用。為了方便機械化作業、節省庫存空間及製造成本，因而縮短新鈔尺寸，例如：10瑞士法郎新鈔比 iPhone6 手機還小，很適合放入錢包。

　　——100、1,000 面額則尚未推出，到2020年才會全部出齊。

盧森堡 花都之堡
Luxembourg

面積：2,586萬平方公里
人口：60萬人
首都：盧森堡市(Luxembourg)
現行貨幣：歐元(Euro)
原使用貨幣：盧森堡法郎(Luxembourg Franc)
1歐元≒40.3399盧森堡法郎
主要產業：不織布、塑料、鋼鐵、化學品、電氣
盧森保印象：小國寡民、鋼鐵、金融中心、荷比盧關稅同盟

盧森堡的國旗由紅、白、藍三色組成，與荷蘭國旗紅、白、青極為相似，但藍色的部分較淺，成語「青出於藍」可便於記憶。國旗的顏色取自於盧森堡的皇家徽章，代表勇氣、信仰、忠誠。

盧森堡是歐洲一小國，占地約2,600平方公里（臺灣3.6萬平方公里），但他們有全世界高端的國民所得、最低失業率，人口不到六十萬，所以從國外引進很多移工，特別來自所得較低的葡萄牙。在經濟上以鋼鐵、金融、視聽衛星通訊三者最為重要，也是世界手機擁有率最高者。

【50盧森堡法郎正面】

◎盧森堡殿下大公爵吉恩(Grand Duke Jean, 1921-)

大公爵吉恩於1964年繼任王位。

【50盧森堡法郎反面】

◎盧森堡以鋼鐵起家，鋼鐵是盧森堡很重要的經濟基礎。

【100盧森堡法郎正面】
◎盧森堡殿下大公爵吉恩(Grand Duke Jean, 1921-)。

【100盧森堡法郎反面】
◎背景為俯瞰大公國千年古都盧森堡市。

【1,000盧森堡法郎正面】
◎盧森堡殿下大公爵吉恩(Grand Duke Jean, 1921-)。

【1,000盧森堡法郎反面】
◎維安登城堡(Vianden Castle)位於古鎮維安登之小山丘制高點上，在中古世紀是有名之城堡，1977年改成博物館，對外開放。

【5,000盧森堡法郎正面】
◎盧森堡殿下大公爵吉恩(Grand Duke Jean, 1921-)。

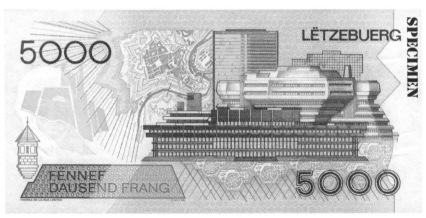

【5,000盧森堡法郎反面】
◎盧森堡中央政府大樓。

盧森堡是世界國民所得名列前茅的國家，亦是歐洲金融中心之一。鈔票正面是盧森堡大公爵，背面都是盧森堡風光。

盧森堡有「千堡之國」之稱，境內大小城鎮大多可見中古世紀的城堡建築。在境內滿是綠意的自然景觀中，搭配著古色古香的城堡、教堂等，吸引著無數觀光客，優美景色令人流連忘返，在鈔票上可略知一、二。盧森堡是小國，紙鈔設計保守，種類及發行量較少，而此末代盧森堡法郎是永遠保值的。

荷蘭 風車國度
Netherlands

| 5 | 10 | 50 | 100 |

面積：4.1萬平方公里

人口：約1,718萬人

首都：阿姆斯特丹(Amsterdam)

現行貨幣：歐元(Euro)

原使用貨幣：荷蘭盾(Dutch Gulden)

1歐元≒2.20371荷蘭盾

主要產業：電機、化學、農產品、食品、花卉

荷蘭印象：風車、鬱金香、足球、性都、海上馬車夫、木鞋、圍海造陸、梵谷、安樂死、紅燈區、同性戀

紅色代表勇氣，青色象徵對祖國不變的忠心，白色則表示神的祝福與庇佑，是世界最早的三色旗。

荷蘭三色旗是為海上航運辨識之用，曾有歐洲最大船隊，發展商業網路，建立世界貨櫃的地位。荷蘭有四分之一面積低於海平面，有三分之一高於海平面一公尺，是典型低地國，有「上帝造海，荷蘭造陸」之說。荷蘭是歐洲人口稠密之地，也是比較開放的國家，所以同性戀、大麻、安樂死合法化，是海運轉口港及空運集散地，多國籍企業有聯合利華、蜆牌石油、飛利浦、海尼根、ING保險等。

【10荷蘭盾正面】
◎幾何設計，內藏翠鳥(Kingfisher)

翠鳥為荷蘭境內的一種鳥類，常出現在平地至低海拔之河川、溪流、池塘及溝渠地帶。正反二面都有上下半身鳥的紋路與斑點，顯示出翠鳥的特徵。

【10荷蘭盾反面】
◎幾何設計，內藏翠鳥。

【25荷蘭盾正面】
◎幾何設計，內藏知更鳥(Robin)。

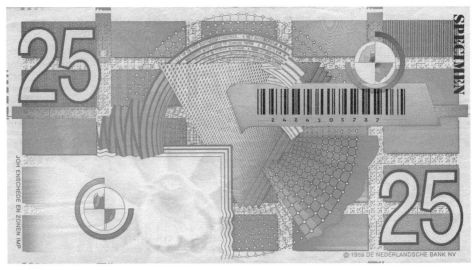

【25荷蘭盾反面】
◎知更鳥(Robin)

知更鳥是荷蘭常見的一種鳥類，別名為紅胸鴝，叫聲囀鳴似笛，胸前羽毛鮮豔，紙鈔色彩使用紅色系，顯示及代表知更鳥胸前紅色的羽毛。

【50荷蘭盾正面】
◎向日葵
荷蘭的花卉世界聞名，向日葵俗稱太陽花，為荷蘭花卉出口的大宗，因此以向日葵作為設計主題。梵谷名畫中不少用向日葵為主題作畫。（向日葵花上有幾隻小蜜蜂，真是畫龍點睛。）

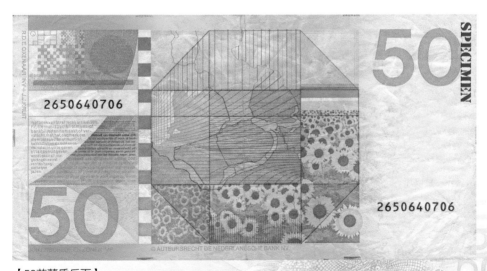

【50荷蘭盾反面】
◎遍地的向日葵，背景為荷蘭地圖。

【100荷蘭盾正面】
◎正反面均採幾何設計，內藏貓頭鷹(Owl)

貓頭鷹是夜行性動物，在荷蘭非常常見，用以當成100元荷蘭盾的設計元素，顏色與圖案和貓頭鷹非常相似。

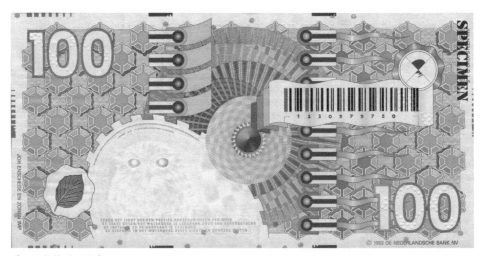

【100荷蘭盾反面】

中央圖型帶雪花狀之圖案是森林，中間圓形圈是水輪，六瓣圖案是鬱金香，圓點及直線是大壩出水口。

【1,000荷蘭盾正面】

【1,000荷蘭盾反面】

◎正面及反面都顯示面額及幾何圖形（可依100元盾去思考），水印內藏鳳頭麥鳩(Lapwing)。

一鈔一世界

荷蘭貨幣之設計皆以其境內之動物、國家象徵物及盛產的花卉為主，色彩多樣、圖案好辨識，跟歐洲其他國家大多使用名人肖像為設計元素相較之下，荷蘭貨幣是對稱與幾何造型的典型代表作，設計理念非常新穎。

整套被稱為「齒輪」版的紙鈔，大量採用動植物的幾何圖案，也充滿童話氣息，如翠鳥吃魚、貓頭鷹抓老鼠、知更鳥生蛋。使收藏者感受與眾不同，帶有濃厚之藝文味道。末代荷蘭盾保值期至2032年1月1日就徹底作廢。

荷蘭紙鈔由韓森納及德魯普斯騰所設計，被視為大師級作品，猶如雄壯自然激情的交響曲，名作當之無愧。

荷蘭盾每一版都有獨特的設計風格，十分生動，令人愛不釋手，本版「齒輪版」抽象，前版「鳥版」寫實，比以前的「人像版」傳神。

英國 日不落國
United Kingdom

面積：24.2萬平方公里

人口：6,510萬人

首都：倫敦(London)

現行貨幣：英鎊(Pound)

1歐元≒0.90英鎊

主要產業：機械、金屬、化工、汽車、鋼鐵、原油、引擎、醫藥

英國印象：倫敦、貝克漢、日不落國、工業革命、議會政治、北海石油、英國
女王、牛津大學、劍橋大學

英國的「米字旗」是融合了三種民族的旗幟所結合而成，這三個民族分別為──英格蘭、蘇格蘭及愛爾蘭。1277年白底紅十字旗幟成為英格蘭旗子，1707年組合蘇格蘭藍底白色斜十字旗幟，成為米字旗的雛形，1801年組合愛爾蘭（後獨立，留北愛爾蘭）白底紅色斜十字旗幟，成為現今的米字旗。

英國首先出現工業革命，國勢鼎盛，建立了「日不落帝國」，米字旗隨之飄揚各殖民地，但如今風華不再。米字旗也是「大英國協」成員的代表標誌。

英國自十五世紀英法百年戰爭戰敗後，轉而至海外拓展領地及貿易，而有「十九世紀是英國的世紀」這種說法。自第一次世界大戰後，國力日衰，失去殖民地及貿易、海運的優勢，也不能抗拒美國，基於兩國同文又同種，希望維持對美國的影響力。現在英國倫敦仍是世界的金融樞紐之一，仍期望維持此地位。

【5英鎊正面】

◎英國伊莉莎白二世女王(Elizabeth II, 1926-)

伊莉莎白二世女王出生於倫敦，她是大英帝國、北愛爾蘭的女王、大英國協的統領，是鈔票上出現最多的人物，王者之風，美麗高貴，永不凋零……，也是當今世界在位最久的國王(泰國國王蒲美蓬於2016年10月13日逝世，享年88歲，在位70年)。背景為布倫海姆宮。

【5英鎊反面】

◎溫斯頓・邱吉爾(Winston Churchill, 1874-1965)，他領導英國軍民贏得第二次世界大戰，被譽為英國歷史上最偉大的首相（1940-1945及1951-1955），1953年獲得諾貝爾文學獎。背景為英國國會大廈及大笨鐘。

（註：此鈔為英國首張塑膠鈔票，較薄韌、乾淨、耐用，不易偽造。）

【10英鎊正面】
◎英國伊莉莎白女王。背景為布倫海姆宮(Blenheim Palace)，是位於牛津的歷史宅第，古色古香，富麗堂皇。曾為邱吉爾鄉村官邸，列世界文化遺產。

【10英鎊反面】
◎英國女小說家珍‧奧斯汀(Jane Austen, 1775-1817)，著有《傲慢與偏見》、《理性與感性》等。左側背景為其所熱愛的古德翰姆莊園(Godmersham Park)，人物下有《傲慢與偏見》的名言：I declare after all there is no enjoyment like reading!(讀書最樂)。

【20英鎊正面】
◎英國伊莉莎白二世女王。

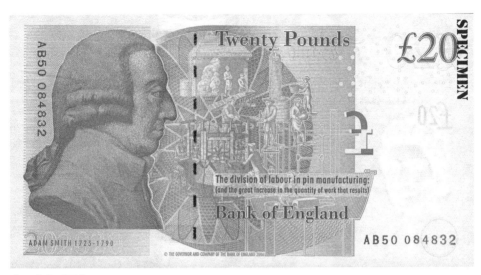

【20英鎊反面】
◎亞當・史密斯(Adam Smith, 1723-1790)

英國現代經濟學之父亞當・史密斯的肖像，取材自蘇格蘭雕刻家詹姆斯・塔西(James Tassie, 1735-1799)的作品，背景圖案是一座小五金工廠，亞當・史密斯指導其分工合作。在其名著《國富論》強調唯有分工、競爭、專業、市場互為因果，經濟才能良性循環。

新版鈔票2007年3月發行，距英格蘭與蘇格蘭1707年合併成大不列顛王國，正值三百週年，頗具意義。

【50 英鎊正面】
◎英國女王伊莉莎白二世。

【50 英鎊反面】
◎英國工業革命時期的製造商馬修・博爾頓 (Matthew Boulton, 1728-1809) 與發明家詹姆士・瓦特 (James Watt, 1736-1819)，兩人共同將蒸汽機推向工商用途。

一鈔一世界

英國在維多利亞女皇統治期間，號稱世界的日不落帝國。歐洲整合之後的歐盟組織在2002年推出共同貨幣「歐元」，英國則不加入使用歐元的區域，主要是為了避免加入歐元會失去對本國利率、稅收以及財政政策的控制，而形成控制英國財政和貨幣政策的將是歐盟委員會。現在英國脫歐，自走英鎊路線了。

2011年6月30日起，20英鎊的經濟學家亞當‧史密斯肖像取代作曲家埃爾加，另2012年新版50英鎊以工業革命代表人物博爾頓(Boulton)及瓦特(Watt)取代第一任銀行總裁霍布倫。2016年的前首相邱吉爾成新5英鎊頭像，2017年以《傲慢與偏見》作者珍‧奧斯汀（Jane Austen, 1775-1817）做為新10英鎊上的人物。最近兩張新英鎊均為塑膠鈔。

除英格蘭銀行（即中央銀行）發行紙鈔統稱為英鎊外，蘇格蘭銀行及北愛爾蘭銀行亦獨立發行。英鎊有典雅高貴氣質，正面都是伊莉莎白二世，反面都是歷代名人、各領域之菁英或對人類有傑出貢獻之巨人，群星閃耀，是魅力所在。

最新版20英鎊（反面是亞當‧史密斯）有一錫條，將其傾斜，其上的圖像與數字20來回轉換，被譽為世界最難偽造之鈔票。

英國女王頭像在其青春正盛時登上英鎊，到登基60週年紀念鈔（見下圖右側1952-2012）已顯老態龍鍾，歲月催人啊！

第二篇 東歐
East Europe

- 東歐在自然地理上是較少受大西洋和地中海洋流影響的地區；在人文地理上是指在第二次世界大戰後，成為蘇聯的附庸國，實施共產主義或計畫經濟，在宗教上多信奉東方正教。

- 以聯合國分類，東歐有白俄羅斯、保加利亞、捷克、匈牙利、摩爾多瓦、波蘭、羅馬尼亞、俄羅斯、斯洛伐克、烏克蘭。

- 東歐各國原本都有自己的鈔票，而斯洛伐克在2009年1月1日開始使用歐元。由於希臘財務危機，歐元區大國對希臘的強硬作風，使波蘭、捷克、匈牙利等東歐地區原本排隊等候加入歐元區國家，已變得興味索然。

白俄羅斯 萬湖之國
Belarus

面積：20.8萬平方公里

人口：950萬人

首都：明斯克(Minsk)

現行貨幣：盧布(Bolarus Rublei)

1歐元≒2.38盧布

主要產業：牛奶、起司、電子材料、鐵、電視、玻璃製品、石油提煉

白俄羅斯印象：純種斯拉夫、車諾比災變、市場社會主義、甜菜、機械製造

左方花紋圖案代表民族傳統文化的花紋，以及人民團結一致，紅色象徵革命，綠色表示欣欣向榮的大地。白俄羅斯過去就有很好的醫療及教育水準，工業上也是煉油、石化的重鎮，農業為馬鈴薯及甜菜產地，以前是共產制度，現積極轉型，但成效仍不彰。曾數次發生惡性通貨膨脹。

【5盧布正面】
◎在白俄羅斯西南方的布列斯特州(Brest)卡梅涅茨鎮(Kam yan yets)的塔樓。

【5盧布反面】
◎一處木材場,是白俄羅斯人早期的定居點。

【10盧布正面】
◎在白俄羅斯北方維特布斯克州(Vitebsk)波洛茨克市(Polatsk)的耶穌顯聖教堂。

【10盧布反面】
◎東正教的十字架及書，代表啟蒙及印刷傳播。

【20盧布正面】
◎在白俄羅斯東南方戈梅利州(Homyel)戈梅利市的戈梅利宮。

【20盧布反面】
◎教堂及鐘，代表靈性。教堂的鐘有78%的銅與22%的錫合金，敲擊時，回響效果最佳。

【50盧布正面】
◎在白俄羅斯西方的格羅德諾州(Gardinas)的米爾(Mir)城堡群。

【50盧布反面】
◎豎琴及樂譜，代表藝術。

【100盧布正面】

◎在白俄羅斯正中的明斯克州(Minsk)的涅斯維曲(Nyasvish)城堡。

【100盧布反面】

◎小提琴演奏及歌舞表演，代表民族節慶。

【200盧布正面】
◎在白俄羅斯西方的Mahiyow的市立藝術博物館，象徵白俄羅斯人在音樂、藝術、戲劇、舞蹈等藝術方面展現才華。

【200盧布反面】
◎其上有書及鑰匙，代表打開知識之門，學以致用。

白俄羅斯為抑制快速的通貨膨脹，2009年印好的新鈔，2016年才發行，把原有鈔票面額後面的四個零去掉(即1萬舊鈔換1新盧布，上版最大面額20萬——見下圖，鈔票上為Maslennikov的藝術博物館，瞬間成20盧布（臺灣在1949年也曾4萬舊臺幣換1元新臺幣）。新鈔面額自5盧布至500盧布，以「我的祖國」為主題，把全國不同城市及鄉鎮選取標誌性的建築及文物放入新鈔中。

保加利亞 玫瑰花園
Bulgaria

5　10　50　100

面積：11.1萬平方公里

人口：705萬人

首都：索菲亞(Sofia)

現行貨幣：列弗(Lev)

1歐元≒1.96列弗

主要產業：服飾、酒類、農產品、玫瑰精油

保加利亞印象：優格、修道院、震盪療法

將俄羅斯國旗青色改為綠色，就是保加利亞國旗。白色象徵自由與和平，紅色是愛國和熱血，綠色代表綠色大地（保加利亞是世界玫瑰盛產地）。

　　保加利亞信奉東方正教，共產時代結束後，通貨膨脹嚴重，故決定轉向市場經濟，發展農業、輕工業、旅遊業、服務業，採行「震盪療法」改革經濟，但是還有一段長路要走。

【1列弗正面】
◎傳教士聖伊凡‧里拉斯基(St. Ivan Rilski, 876-946)
聖伊凡‧里拉斯基是里拉修道院(Rila Monastery)的創建者，人們尊稱他為里拉的聖約翰(St. John of Rila)。

【1列弗反面】
◎里拉修道院(Rila Monastery)建於十世紀，是聖伊凡‧里拉斯基的遺贈，占地甚廣，內外有價值連城的宗教及歷史文物，是保加利亞建築、藝術、宗教、教育中心，聯合國教科文組織1983年列為文化遺產。

【2列弗正面】

◎歷史學家希倫達斯基(Paisii Hilendarski, 1722-1773)

希倫達斯基是保加利亞神職人員和復興保加利亞文化的重要人物，最著名的作品是《斯拉夫—保加利亞史》(Istoriya Slavyanobolgarskaya)，為保加利亞歷史編纂學的第一個作者。1745年他被委任在Zograf修道院擔任祭司和住持。歷經二年艱苦的編修，他最後終於在Zograf修道院裡完成了曠世巨著。背景是Zograf修道院及其院徽。

【2列弗反面】

◎由保加利亞畫家Hristofor Zhefarovich繪製的紋獅圖案，右側是保加利亞國徽，其上有三隻獅子，左側是希倫達斯基所寫的史書《斯拉夫—保加利亞史》部分手稿。

【5列弗正面】
◎傑出畫家伊凡‧米勒夫(Ivan Milev, 1897-1927)
畫家米勒夫的畫中，經常可以感受到豐富的想像力和強烈的文體，他把在村莊生活中所得到的體會和民歌、傳奇、信仰結合成柔軟圖像作品，同時又富有保加利亞的傳統和精神。
◎背景是米勒夫的油畫〈藝術與帶刺王冠〉(Art and the Crown of Thorns)。

【5列弗反面】
◎米勒夫的畫作〈收穫者〉(Harvester, 1924)、〈保加利亞聖母像〉(The Bulgarian Madonna)，現典藏於保加利亞索非亞國家藝術館。其作品具有濃厚的保加利亞在地特色，色彩對比反差強烈。

【10列弗正面】

◎科學家和教育學者彼得・伯爾諾(Peter Beron, 1799-1871)

彼得・伯爾諾寫了第一本保加利亞課本，使保加利亞的教育邁向嶄新的發展。1824年伯爾諾出版教科書籍，背景圖案是其發表的《魚類科普及讀本》(Riben Bukvar) 卷首插圖，大家習慣稱其教科書為「魚課本」，運用所謂的響鈴蘭卡斯特方法。課本包含了幾個主要科目，有語法、自然科學、數學、解剖學和歷史。

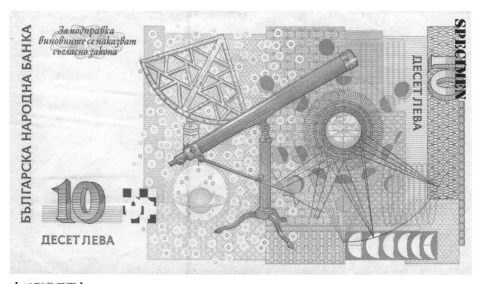

【10列弗反面】

◎柏爾諾的天文望遠鏡，背景圖片是伯爾諾有關天文學論文的插圖。

【20列弗正面】

◎保加利亞首相斯特凡·斯塔姆博洛夫(Stefan Stambolov, 1854-1895)

斯塔姆博洛夫曾任議員及議長。背景是他在布加勒斯特發行的詩集《頌歌與詩歌》(*Songs and Poems*)的封面，文字部分是他的詩〈致我的同志〉(To My Comrades)。

【20列弗反面】

◎背景建築是國會大廈，左側上下是鷹橋與獅橋的雕塑，右側是其手稿。

【50列弗正面】

◎彼特科‧斯拉維伊科夫(Pencho Slaveykov, 1866-1912)

彼特科‧斯拉維伊科夫是偉大的詩人、文學批評家、政論家，曾赴德國萊比錫攻讀哲學，受尼采思想影響。他大部分作品反映其時代的階級矛盾和人民悲慘命運，並抨擊君主制度，還寫了不少優美的抒情詩，表現內心的惆悵及寂靜的沉思。其行徑受到當局敵視，晚年常居義大利。

◎背景的建築物是國立圖書館及國家劇院，他曾任館長及劇院經理，其下有詩中描寫的四輪馬車。

【50列弗反面】

◎斯拉維伊科夫代表作〈血之歌〉(A Song of Blood)及〈幸福夢〉(Dream of Joy)插圖，反映保加利亞人對自由解放的渴望。左側有紅粉知己女詩人馬拉‧貝爾切娃(Mara Belcheva, 1868-1937)圖像。

【100列弗正面】
◎著名小說家阿列科‧康士坦丁諾夫(Aleko Konstantinov, 1863-1897)
康士坦丁諾夫的小說通常暗喻著巴爾幹半島人民的行為，屬於描寫保加利亞黑暗面的諷刺文學，
對於國家的成長相當有幫助，他的作品因此被保加利亞人視為一項重要指標。他的諷刺文學引起
當局的仇視，1897年慘遭暗殺。
◎背景是其文學作品《往返芝加哥》(*A Journey to Chicago and Back*, 1893)第一版封面，此書揭
露資本主義社會的不平等現象，並解析其階級的虛偽。

【100列弗反面】
◎康士坦丁諾夫的半身像及其著名小說《*Bai Ganio*》，這是一本以負面故事來描寫人物的小
說，內容是說一個賣玫瑰油和地毯的小販Bai Ganio到西歐旅遊，遇見許多困難，足智多謀的Bai
Ganio將這些應對心得作為對保加利亞的借鏡。

一鈔
一世界

保加利亞人才輩出，培育出各種領域的專家，不但在天文、文學、
藝術、歷史上特別傑出，也在其他方面有所鑽研，在鈔票正反面都
可看到他們的成就。雖然身為發展略為落後的國家，卻有相當優秀
的獨特文化及傳統價值觀。

捷克 交響詩篇
Czech Republic

⑤ ⑩ 50 100

面積：7.9萬平方公里
人口：1,062.5萬人
首都：布拉格(Prague)
現行貨幣：克朗(Korun)
1歐元≒25.6克朗
主要產業：木材、玻璃、機械、啤酒、運輸設備
捷克印象：歐洲中心、建築博物館、ŠKODA汽車、布拉格之春、戲劇、查理大學

白色代表摩拉維亞；紅色表示波希米亞；青色代表斯洛伐克（現已獨立）；三角形則象徵境內的喀爾帕特山脈。白、青、紅亦是斯拉夫民族喜歡的顏色。

　　捷克一向是高度工業化國家，發達的工業有汽車、鋼鐵、機械，並有豐富煤礦，人民水準甚高。有名的布拉格查理大學，創辦於1348年，是最古老的大學之一。首都布拉格被譽為建築博物館，是有名的旅遊都市。

【20克朗正面】
◎波希米亞國王培密索爾・歐圖卡一世(Premysl Ottokar I, 1155-1230)
在歐圖卡一世之前，只有兩位君主曾在神聖羅馬帝國內被封王，但到了歐圖卡一世在位時，稱號由公爵升級為王。當時的歐圖卡在國家無政府狀態之下，歷經戰爭，接受皇帝亨利六世加冕為波希米亞統治者，象徵統治權的轉移與高尚尊貴的地位。

【20克朗反面】
◎捷克國徽
國徽為方形盾徽，盾面分四部分：左上方和右下方為紅底白色的雙尾獅，獅子頭戴金冠，爪為金黃色，前爪騰起，代表波希米亞；右上方為藍底紅白相間的鷹，代表摩拉維亞；左下方為黃底頭戴金冠的黑鷹，爪為紅色，胸前飾繪有白色月牙，十字形和三葉形飾物分別位於月牙中央和兩端，代表西里西亞。捷克包括歷史上的波希米亞、摩拉維亞和西里西亞地區，這枚盾徽的設計代表著捷克的歷史。
◎鈔票圖案中間的王冠是歐圖卡一世加冕之王冠，象徵統治權。

【50克朗正面】

◎聖‧阿尼絲(Saint Agnes of Bohemia, 1211-1282)

阿尼絲是中歐國家的第一個聖徒。阿尼絲是波希米亞國王培密索爾‧歐圖卡(Premysl Ottokar)和康斯坦絲(Constance)的女兒。1220年，她與神聖羅馬皇帝的兒子亨利訂婚，但卻在1225年終止了這項婚約，並回到布拉格，因而引起一場戰爭。阿尼絲開始決定致力於宗教工作，並在教皇格雷戈里(Gregory)的幫助下，將整個一生奉獻給上帝。接著她創辦了聖弗朗西斯修道院及醫院，成為布拉格著名的哥德式建築。後世的人都尊稱她為「波希米亞的守護神」。

【50克朗反面】

◎由聖‧阿尼絲所創辦的聖弗朗西斯修道院之中世紀哥德式建築窗戶

哥德式建築起源於法國十一世紀下半葉，是十三至十五世紀流行於歐洲的一種建築風格，著重於光線效果的變化，使彩繪玻璃美輪美奐。主要建於天主教堂，其後也影響到世俗建築。哥德式建築以其高超的技術和藝術成就，在建築史上占有重要地位。查理四世在位時(1346-1378)，布拉格建築的風格轉而以哥德式為主，其中以施瓦本地區的建築師彼得‧帕勒(Peter Parler)所建造的聖維特大教堂為代表，受到法國建築風格的影響，融合波希米亞哥德世紀建築特色而自成一格。

【100克朗正面】
◎查理四世(Karel IV, 1316-1378)
在1355年被選為德意志神聖羅馬帝國的皇帝，成為查理四世，而當時的布拉格成了德意志神聖羅馬帝國的首都。在位期間建樹頗多，曾下令修築橫跨伏拉塔瓦河上的查理大橋，橋欄有相對立雕條，被稱露天巴洛克塑像美術館。也擴建了布拉格市區，使布拉格成為「建築博物館」。對於人類文化上最重要的貢獻是籌設布拉格查理大學，使之成為德意志王朝神聖羅馬帝國境內的第一所大學，也因此確立了波希米亞在中歐及東歐的文化領先地位。

【100克朗反面】
◎《金璽詔書》(Die Goldene Bulle)
查理四世繼位後，1356年頒布奠定七大諸侯政治強權地位的文件《金璽詔書》，明定特利爾大主教、科隆大主教、波希米亞王、法耳茲伯爵、薩克森公爵、布蘭登堡邊疆伯爵、曼因茲大主教七大諸侯有選王的權利，並擁有司法獨立，以及選王侯國境內各王室、貴族領地主權及收益權皆歸選王侯所有。
現《金璽詔書》也成查理大學校徽(Seal of Charles University)。

【200克朗正面】
◎捷克教育家楊‧阿姆斯‧柯門斯基(Jan Amos Komensky, 1592-1670)
在十六世紀，捷克語未受到重視，因此有許多學者紛紛提出論著來闡揚保衛他們的母語，借用拉丁文、希臘文或德文中相同的字彙，以既有的語言為基礎，增加詞彙使之變得更加豐富，其中柯門斯基即是推展捷克語教學的主教。他所編著的《波希米亞珍寶字典》是十六世紀語文學的顛峰之作。可惜後來位於萊什諾的故居發生火災，僅剩斷簡殘編留存下來。有關教育著作尚有《語言與科學入門》、《教育目的論》、《母育學校》、《物理學概要》、《世界圖解》等。

【200克朗反面】
◎阿姆斯‧柯門斯基《教育目的論》的封面
源自上帝創造亞當，代表教育的傳承，這著作完全基於宗教人生觀而來。他認為宇宙萬物之中，最優秀的是人類，而人生的最高目的就是教育的終極目的，亦即存在人與神合而為一的至高精神。為此，人類在世界必須是：(一)理性的創造者；(二)萬物的支配者；(三)造物主所塑造的神的寫像。為配合上述需要而產生教育上的要求，即第一，必須對所有的事物具備正確的知識。第二，必須具備支配自己本身的道德心。第三，將自己及其他一切事物歸根於神。以上三項就是教育的任務。知識、道德和宗教，必須在親自學習與活動之中才能真正獲得。

【500克朗正面】

◎捷克作家鮑日娜・聶姆佐娃(Božena Němcova, 1820-1862)

聶姆佐娃出身於一個貴族莊園的馬夫家庭，從小就熱愛捷克和斯洛伐克的民間文學，並且熟悉農村生活。1843年開始寫作，這正是捷克文學從浪漫主義向現實主義發展的時期。她有許多優秀的中、短篇小說，如《長夜》、《卡爾拉》、《野姑娘芭拉》、《窮人》、《好人》。聶姆佐娃的小說描繪了捷克農村的風貌和自然景色，具有濃郁的鄉土風味；她刻劃人物和描寫情節十分細膩，準確逼真；作品經常採用日常口語，有濃厚的生活氣息。

◎鈔票左上背景為玫瑰花。

【500克朗反面】

◎《外祖母》封面

鈔票圖案是聶姆佐娃最有名中篇小說《外祖母》之封面。作者在書中塑造出一個普通的捷克農村婦女形象，並透過她再現了農村的古老風習，介紹了各種民間傳說，這部小說為捷克現實主義文學奠定了基礎，已經成為捷克家喻戶曉的一本名著。

【1,000克朗正面】

◎民族之父、史學家弗蘭基謝克‧帕拉斯基(Frantisek Palacky, 1798-1876)

十九世紀波希米亞政界的頭號人物。1823年定居布拉格從事學術研究，並參加愛國運動。1827年任波希米亞博物館雜誌編輯，發表許多關於美學和捷克語的文章。1832年開始編寫波希米亞和摩拉維亞的捷克民族史；在政治方面，他主張由享有平等權利的各民族組成奧地利聯邦。1848年任布拉格斯拉夫人會議主席。1861年當選帝國議會議員。著有《奧地利國家概念》。左側背景是一棵樹，有「十年樹木，百年樹人」的意味。

【1,000克朗反面】

◎弗蘭基謝克‧帕拉斯基著作《奧地利國家概念》封面。在其上有展翅的雄鷹及克羅麥里茲花園及城堡(Gardens and Castle at Kromeriz)，是花園建築之典範。它的畫廊、圖書館、大廳等構成整體文化，為聯合國教科文組織列為世界遺產。

【2,000克朗正面】
◎捷克女高音歌唱家艾瑪‧黛絲汀諾娃(Ema Destinnova, 1878-1930)
艾瑪早年學小提琴，後改學聲樂，擁有優美的嗓音、完美的控制力和卓越的表演才能，特別是扮演悲劇角色有很強的感染力。美國巡迴演出時，正逢第一次世界大戰爆發，艾瑪的經紀人勸她留在美國，但艾瑪深愛著祖國捷克，毅然登上了回國的輪船，強烈的愛國心促使艾瑪決定和故鄉的人民同甘共苦。鈔票的中上方是里拉琴。

【2,000克朗反面】
◎希臘女神歐特碧(Euterpe)
歐特碧是吹著雙管笛、掌管抒情詩的希臘女神，鈔票中有大、小提琴各一把及大寫D字（Destinnova第一個字母）。提琴是四根弦的樂器，透過琴弦振動發聲，是管弦樂隊中最重要的樂器，同樣在室內樂、民謠樂、爵士樂等領域均散發其迷人的魅力。它既能奏出悠揚如詩般的曲調，又能讓人聽見旋律的豐富優美。鈔票背面用音樂女神及提琴來呼應正面的艾瑪。

【5,000克朗正面】

◎1882年任查理大學哲學教授托馬斯‧加里格‧馬薩里克(Tomáš Garrigue Masaryk, 1850-1937)

發生第一次世界大戰之前，馬薩里克是個主導捷克獨立的運動家；在戰爭期間，馬薩里克支持聯盟同仁不倦地運作和鼓勵他們跟隨戰爭，並在倫敦共同創辦捷克斯洛伐克的國家會議。1918年奧匈帝國崩解，捷克斯洛伐克獨立，而馬薩里克作為新國家的第一位總統(1918-1935)，直到他過世之前為止。

【5,000克朗反面】

◎布拉格聖尼古拉教堂及城堡

首都布拉格市是歐洲最美麗的城市，身為藝術及歷史中心，數百城樓、鐘塔及穹頂建築林立，至今仍吸引許多遊客前來欣賞城中古蹟。市內的知名建築綿延歷史各時代，由十二世紀的羅馬式、十四世紀的哥德式、十七世紀的巴洛克式，一直到十九世紀的新藝術時代及二十世紀立體主義建築散見街頭，因此又被稱為建築博物館。1992年，聯合國教科文組織把布拉格市的歷史精華區，列為「世界文化遺產」。

一鈔一世界　　捷克的鈔票以人物為主，包括古代及近代，包含文學、宗教、政治、教育、音樂、史學，包羅萬象，並將代表事物陳述於鈔票背後，顯示全方位之傑出表現，人像刻劃精美。

匈牙利 旅遊天堂
Hungary

⑤ ⑩ 50 100

面積：9.3萬平方公里　　　　**人口**：977萬人

首都：布達佩斯(Budapest)　　**現行貨幣**：佛林特(Forint)

1歐元≒310佛林特

主要產業：電腦、肉類、啤酒、化學品、穀類、水果

匈牙利印象：匈牙利舞曲、多瑙河、布達佩斯、溫泉湖、匈牙利料理、黃種人
　　　　　　　後裔

　　匈牙利山河秀美，建築壯麗且富有特色，溫泉遍布，氣候四季分明。地形以匈牙利平原為主，多瑙河貫穿其中，綠色大地發展農業活動，有多樣的農作物，也有相當程度的製造業，旅遊業也頗為興盛。此外，布達佩斯是多瑙河流域最大的城市，風景優美，被譽為「多瑙河的明珠」。多瑙河岸邊有座舉世聞名的國會大廈，是匈牙利的代表。

　　匈牙利位在歐洲正中心，交通四通八達，不管是搭乘火車、坐船、巴士或是飛機都非常方便，布達佩斯更有完善的交通運輸系統，呈放射狀的網絡提供旅遊者最便捷、最舒適的旅程。多瑙河流經布達佩斯雙子城，視野寬廣，更勾勒出這國度的壯闊情懷。這裡有中歐最大的內陸湖巴拉頓湖，是最吸引觀光客駐足的風景區之一。

　　匈牙利是個具有中等發展水準的國家，工業基礎相當良好，但自然資源較貧乏，主要礦產資源是鋁礬土，其蘊藏量居歐洲第三位。農業比較發達，在國民經濟發展中占有重要地位，不僅為國內市場提供豐富的食品，還是國家爭取大量外匯的產業。匈牙利獨特的自然風光和人文景觀使其成為旅遊大國，也成為外匯重要來源之一。

【200佛林特正面】
◎國王卡羅‧羅貝爾特(Károly Róbert, 1288-1342)又稱查理一世(Charles I)，匈牙利利安茹王朝創建者

卡羅和他的兒子拉又斯(Nagy Lajos)，努力增強國王權利和建立以王為首的封建組織，奠定國家基礎。拉又斯在位期間使匈牙利成為強國，領土範圍是匈牙利史上最大，將國界邊緣拓展北至波羅的海，南至地中海。在位期間推行一系列改革措施，發展匈牙利的經濟與貿易。

【200佛林特反面】
◎迪歐斯捷爾城堡(Diosgyori Castle)

所謂的多瑙河曲流(Danube Bend)，指的是由艾斯特拱(Esztergom)到維斯格蘭德之間的多瑙河，是此河流域在匈牙利境內風景最美的一段，尤其在流經維斯格蘭德附近時，它的河道形成天然的彎曲，並有兩座河邊的丘陵剛好在水中交疊，只留下一個小縫，風景壯觀而嫵媚。中世紀的匈牙利皇室曾在這裡的城堡山上建造皇宮，並長居於此。十五世紀的「復興君主」馬提亞斯王(King Matthias Corvinus)再將此宮擴得金碧輝煌，曾在歐洲喧騰一時，但隨著匈牙利皇室的沒落，這座迪歐斯捷爾城堡也逐漸廢棄了，如今只剩下殘破的建築，在淡淡的斜暉中接受著後人的憑弔，但此城仍是匈牙利人最喜愛的渡假勝地之一。

【500佛林特正面】

◎匈牙利王子法蘭西斯二世(Rákóczi Ferenc II, 1676-1735)

法蘭西斯二世曾為匈牙利獨立活動而奮鬥，但中途卻被當作間諜流放奧地利，終於在1705年，正式成立一個獨立治理的國家。他的英勇事蹟流傳後世，現在可以在匈牙利議會大廈前面的科索斯(Lajos Kossuth)廣場看見他的雕像。鈔票上之人像是畫家Adam Manyoki (1673-1757)所繪之油畫。

【500佛林特反面】

◎沙羅什帕塔城堡(Sarospatak Castle)

此古堡為奧地利最後一位王儲費南迪所建造的，現為歷史文化古城。當時他愛上一位美麗的捷克女子，而放棄自己的王位，後來隱居在此地，並嗜好打獵及收藏武器，幾乎將畢生財富投注於此，博物館內收藏令人嘆為觀止的各式武器。

【1,000佛林特正面】

◎偉大的國王之一匈雅提・馬加什一世(Mátyás Corvinus, 1443-1490)

馬加什是匈牙利攝政王匈雅提・亞諾什的次子，在父親死後，匈牙利爆發了貴族反對哈布斯堡王朝國王拉斯洛五世的叛亂。他於1463年平定叛亂，雇用常備軍「黑軍」，以抵禦外敵入侵。神聖羅馬帝國皇帝腓特烈三世正式承認他為匈牙利國王。成年後，馬加什留學義大利，並將義大利文藝復興的文化成就推廣到匈牙利，建立歐洲十五世紀最大的收藏歷史記錄、哲學和科學成就的科爾文納圖書館。這時的匈牙利是歷史上面積最大的時期。

【1,000佛林特反面】

◎十五世紀歐洲最豪華的維謝格拉德城堡(Castle of Visegrad)內的馬提亞斯(Matthias)噴泉，每逢節慶曾流出香醇美酒，到了十七世紀末，遭土耳其人嚴重破壞。

【2,000佛林特正面】
◎匈牙利特蘭西瓦尼亞王子加波爾‧拜特倫(Gabor Bethlen, 1580-1629)，他醉心於科學研究。

【2,000佛林特反面】
◎匈牙利浪漫主義畫家瑪達拉斯‧維克多(Madarász Viktor, 1840-1917)的油畫作品〈拜倫特王子在一群科學家中間〉(Gabor Bethlen among his scientists)。

【5,000佛林特正面】

◎匈牙利偉大政治家、作家伊斯特萬‧塞切尼(Count István Széchenyi, 1791-1860)，此畫像由畫家Friedrich Von Amerlin所繪。

1825年由於Széchenyi將捐贈莊園的全數收入拿來創建匈牙利科學院，贏得了廣大的聲譽。1827年他組織了一個愛國匈牙利貴族的論壇，在其改革中提供學院有機會與政治對話。他譴責保守主義，鼓勵他們放棄封建特權，邁向現代化。首先，期許匈牙利需要進一步的經濟、社會、文化發展，並反對過度的激進主義和民族主義。接著他開始支持建設第一座永久橋梁來連結兩個城市（即布達佩斯雙城），而這座橋梁便以他的名字命名。

【5,000佛林特反面】

◎這是一個在匈牙利納吉增克(Nagycenk)城市的豪宅，為巴洛克樣式的建築，由Széchenyi家族世代居住在這裡。今天它變成紀念博物館，在當地已成為著名的觀光景點。

【10,000佛林特正面】
◎國王聖‧史蒂芬一世(St. Stephan I, 969-1038)
史蒂芬將匈牙利劃分成五十個縣,並應用組織系統繼續了他父王的工作。他設定了十個主教管區,下令每十個村莊架設教會。除此之外,他還建立了許多修道院和大教堂,並且建立學校,使之成為文化的重要中心。史蒂芬勸阻了異教的風俗,以各式各樣的法律加強基督教,包括結束老匈牙利runic字母表的用途,最後將拉丁語作為皇家法院的官方語言。史蒂芬個性十分慷慨,他經常拜訪教會,且捐贈金錢修建他們的建築。他經常到各地旅行,每遇見一個可憐的人民,就會給予金錢幫助,因此相當受人愛戴。

【10,000佛林特反面】
◎埃斯泰爾戈姆(Esztergomi)
位於多瑙河畔,有美麗城市風光,其中最高建築是長方形會堂、圓形屋頂的天主教大教堂。從王子Geza和他的兒子Vajk開始,將羅馬天主教帶進匈牙利,直到現在。
此張油畫〈埃斯泰爾戈姆風光〉(Esztergomi-anno)為畫家Hubert Sattler(1817-1904)的作品。

【20,000佛林特正面】
◎匈牙利政治家法蘭西斯·迪克(Ferenc Deák, 1803-1876)
1833年進入政治圈；1836年，他主導國家法律建立；1842年，他的兄弟過世後，他解放僕人，並自願選擇納稅來表示他懇切地想要進行改革；主張和平與反對暴力作為政治工具。在眾人的幫助之下，他帶領匈牙利政治面對更多更大的衝擊，直到他的健康漸漸走下坡。1876年1月28日病逝。

【20,000佛林特反面】
◎1866年建造，位於首都布達佩斯東區佩斯(Pest)的眾議院。

匈牙利的鈔票總是圍繞著王室打轉，從國王、王子到住所、古堡，使人民緬懷這些偉大的先人和遺跡，並永遠提醒著這些值得尊敬的歷史故事。

摩爾多瓦 地下酒城
Moldova

⑤ ⑩ 50 100

面積：3.4萬平方公里

人口：406.3萬人

首都：基希涅夫(Kishinev)

現行貨幣：列伊(Leu)

1歐元≒20.5列伊

主要產業：牛奶、起司、服飾、菸草、酒、蔬果、東歐拉丁人

摩爾多瓦印象：地下酒窖、食品工業

藍、黃、紅三色是特蘭西瓦尼亞、摩爾多瓦和瓦拉幾亞等公國國旗的色彩，與羅馬尼亞一模一樣。國旗正中的黃色部分放置的是一枚國徽，有隻雄鷹，擁著牛頭盾牌，一爪抓橄欖枝，一爪抓權仗。摩爾多瓦與羅馬尼亞、烏克蘭相鄰，面臨黑海，主要產業是農業，如穀類、甜菜、菸草，工業不發達，國民所得相當低，因貧窮落後，被歐洲各國稱為「歐洲乞丐」，屬於東方正教。對臺灣觀光客不歡迎，百般刁難。

【1列伊正面】
◎摩爾多瓦大公斯特凡(Stefan Cel Mare, 1457-1504)

又稱斯特凡三世。曾成功抗禦外敵，打敗鄂圖曼帝國後，堅守獨立。在位期間，每次戰勝便建立一座教堂或修道院，總數達四十二座，戰績顯耀，讓摩爾多瓦一度締造出輝煌盛世。

【1列伊反面】
◎Capriana修道院

這間修道院位於一座大森林邊緣，建造於十五世紀，當時為Alexandrucel Bun的統治期間，1470年Stefan三世下令重建。

【5列伊正面】
◎摩爾多瓦大公斯特凡(Stefan Cel Mare, 1457-1504)。

【5列伊反面】
◎St. Dumitru Basilica教堂。

【10列伊正面】
◎摩爾多瓦大公斯特凡(Stefan Cel Mare, 1457-1504)。

【10列伊反面】
◎Hirjauca教堂。

【20列伊正面】
◎摩爾多瓦大公斯特凡(Stefan Cel Mare, 1457-1504)。

【20列伊反面】
◎Cetatea Soroca
這裡是摩爾多瓦共和國東北部最美麗的鄉鎮，位於Dniester河旁，周圍的風景宜人，歷史非凡，建築雄偉壯觀。
鈔票上的建築是索羅卡遺址(Soroca Fortress)。

【50列伊正面】
◎摩爾多瓦大公斯特凡(Stefan Cel Mare, 1457-1504)。

【50列伊反面】
◎Mănăstirea Hîrbovăț教堂。

【100列伊正面】
◎摩爾多瓦大公斯特凡(Stefan Cel Mare, 1457-1504)。

【100列伊反面】
◎Tighina Fortress城。

【200列伊正面】
◎摩爾多瓦大公斯特凡(Stefan Cel Mare，1457-1504)。

【200列伊反面】
◎首都基希涅夫市政廳。

【500列伊正面】
◎摩爾多瓦大公斯特凡(Stefan Cel Mare, 1457-1504)。

【500列伊反面】
◎聖誕大教堂(Christmas Cathedral)，位於Tiraspol。

【1,000列伊正面】
◎摩爾多瓦大公斯特凡(Stefan Cel Mare, 1457-1504)。

【1,000列伊反面】
◎摩爾多瓦前國會廳。

一鈔
一世界

摩爾多瓦鈔票過於單調，正面皆是斯特凡二世，背景多為教堂及政治建築，材質亦屬單薄，紋路不夠細緻。

波蘭 蕭邦祖國
Poland

⑤ ⑩ 50 100

面積：31.2萬平方公里

人口：3,841.3萬人

首都：華沙(Warsaw)

現行貨幣：茲羅提(Zlote)

1歐元≒4.3茲羅提

主要產業：汽車零件、化學品、羽毛、機械、煤炭、鋼鐵、甜菜、馬鈴薯

波蘭印象：鄰國瓜分、集中營、華沙公約、居禮夫人、哥白尼、華勒沙、蕭邦

紅色象徵為爭取獨立時所流的鮮血，白色表示獲得獨立後的喜悅。與印尼、摩納哥恰好相反。

　　波蘭全國都是平原，十八世紀普魯士、奧地利、俄國三強瓜分，終至滅亡。第一次大戰後波蘭復國，國土只剩一半；第二次世界大戰再次遭德、俄瓜分，在戰爭期間多少波蘭人犧牲。波蘭屢遭瓜分，古典作曲家蕭邦作波蘭舞曲，化為抗暴象徵。自脫離共產體制推行自由化後，私有化有效控制通貨膨脹，被稱「震盪療法」。

【10茲羅提正面】

◎梅什科公爵一世(Mieszko I, 935-992)

梅什科一世是波蘭王公謝莫米斯爾的兒子。他統一了波蘭的國土，並曾與斯拉夫部落柳蒂奇人作戰，獲得波美拉尼亞，又曾與波希米亞的王公爭奪西里西亞和小波蘭。受到妻子的影響，梅什科開始信仰基督教，於966年受洗，並規定天主教為波蘭國教。

◎左側為波蘭之標誌——波蘭鷹，其背景為羅馬式花飾。

【10茲羅提反面】

◎丁那

這個銀幣是梅什科一世王朝當時所流通的銀幣。

【20茲羅提正面】

◎柏萊斯瓦夫一世(Bolesław I, 967-1025)，人像右側是橡樹葉，左側為波蘭鷹，背景為羅馬式拱門。

柏萊斯瓦夫是梅什科一世的兒子，他在位期間，波蘭的領土大幅擴張，北至波羅的海沿岸的波摩蘭尼西，南至克拉科西里西亞和摩拉維亞，且一度攻占東南方的基輔，立其婿為基輔公。

【20茲羅提反面】

◎中世紀銀幣

這個銀幣是中世紀柏萊斯瓦夫一世當時流通的銀幣，而錢幣上的圖案是國徽——老鷹（萬鳥之王）。

背景左側為圓形之古建築，右側為獅子圖案（萬獸之王）。

【50茲羅提正面】

◎卡其米日三世(Kazimierz Ⅲ, 1310-1370)

十四世紀在偉大的卡其米日三世領導下，波蘭人民奮勇作戰，重新統一了波蘭王國，並且改革整個國家，獎勵工商的發展，改革幣制，穩定物價。尤其他將法律編成法典，改革政府組織，1364年創辦雅蓋隆(Jagiellonian)大學，並歡迎被排斥的西方猶太人。左側有波蘭鷹，背景是哥德式花飾；右側K字之王冠。

【50茲羅提反面】

◎老鷹圖騰

老鷹圖騰是卡其米日三世當時的皇家封印；其下有王權標誌之權杖，飾有十字架寶珠，均是皇家象徵性的專有圖騰。

◎背景是波蘭古城Kazimierz之街道。

【100茲羅提正面】
◎瓦迪斯瓦夫二世‧亞蓋洛(Władysław II Jogiełło, 1362-1434)
亞蓋洛是波蘭的國王,他的王朝持續49年,並在此時組成波蘭立陶宛聯合。亞蓋洛(Jagiellon)王朝的統治直到1596年,是當時歐洲最顯要的朝代。

【100茲羅提反面】
◎國徽
紅色的盾面上有一隻頭戴金冠、舒展雙翼的白鷹,其下有兩把劍。白鷹上的皇冠,在共黨取得政權時,一度被摘下,現在則重新加冠,象徵波蘭的主權與團結。白鷹象徵波蘭人民不屈的愛國精神。
◎背景是波蘭馬爾堡(Malbork)。

【200茲羅提正面】

◎西格蒙德一世(Zygmunt I, 1467-1548)

西格蒙德一世剛上任時，國家的債務龐大、國庫匱乏，於是他設法整頓，授予貴族和紳士特權以贍養軍隊，藉此交換更多權利和特權，並課徵新稅，接受進貢，實際上則是移交給農民、市民或是莊園。他不僅是個政客，還是一位了不起的藝術贊助者，不但徹底改造瓦維爾(Wawel)城堡、西斯夢迪恩(Sigismundian)教堂，甚至將波蘭藝術作品推廣至歐洲各地。

◎左上有波蘭標誌——波蘭鷹。

【200茲羅提反面】

正面為帶S的六邊形鷹徽，它來自中世紀古城克拉科夫(Kraków)的瓦維爾教堂(Wawel Cathedral)之內庭，背景就是教堂所在之城堡。

【500茲羅提正面】

◎國王楊三世・索別斯基(Jan III Sobieski，1629-1696)在1674年擔任波蘭國王，曾在1683年在維也納戰役擊敗入侵的鄂圖曼帝國，成為基督教世界的救星，被稱為「波蘭雄獅」。於1696年病逝，波蘭也日漸衰落。左為皇室紋章，右為王室頭盔。

【500茲羅提反面】

◎波蘭標誌──波蘭鷹，背景是位於首都華沙的維拉努努宮(Wilanow Palace)。

波蘭因地理位置在西歐大國與俄國之間，歷史上戰火不斷，受到強權多次的侵略、瓜分，所謂巨人打架，波蘭跟著挨打，版圖一改再改，國歌是「波蘭沒有滅亡」。追溯中世紀的波蘭，在當時的王公貴族統治下，曾經成為強大的帝國，為了紀念他們的貢獻，也藉此讓現代人更加了解過去的歷史，除了強調國家的重要性，更提醒國人別忘了當時的強盛，鼓勵重拾往日的國家精神。從一系列的鈔票，我們發現，波蘭在眾多王朝統治之下，幾乎都以老鷹來作為國家的象徵，說明他們均期許自己，有如老鷹一般的強盛。

上述鈔票的頭像均是古代君王，威名僅在國內，而波蘭在早期所發行之鈔票，不乏是世界級赫赫有名之名人，如：

宗教家教皇保羅二世(Paul II, 1920-2005)

天文學家哥白尼(Copernicus, 1473-1543)

音樂家蕭邦(Chopin, 1810-1849)

科學家居禮夫人(Curie, 1867-1934)

羅馬尼亞 黑海明珠
Romania

⑤ ⑩ 50 100

053E05432

面積：23.8萬平方公里

人口：1,952萬人

首都：布加勒斯特(Bucharest)

現行貨幣：列伊(Leu)

1歐元≒4.64列伊

主要產業：服飾、鞋、化學品、滑雪用品、木材

羅馬尼亞印象：東歐的拉丁人、吸血鬼、木造教室、吉普賽人

羅馬尼亞的國旗，深受法國三色旗影響，從青白紅變成青黃紅與非洲查德(Chad)一模一樣。法國有凱旋門，羅馬尼亞也有凱旋門，而且極為相像。

羅馬尼亞前獨裁者西奧塞古興建宏偉的「人民宮殿」，其前有長三公里，仿香榭大道，一望無涯，所以首都布加勒斯特有「東方巴黎」美稱。1990年東歐變天，共產黨倒臺，西奧塞古被逮捕，審訊後槍決。

羅馬尼亞人就是古羅馬人的後裔，也是東歐的拉丁語系民族。羅馬尼亞經濟改革很慢，曾遭遇嚴重通貨膨脹，2005年將舊1萬元折合新幣1元，是目前全歐國民所得較低的國家。

【1列伊正面】
◎史學家和政治家約爾加(Nicolae Lorga, 1871-1940)及龍膽花(Angel Michael)
約爾加帶領全國民主黨,為人民服務。在第一次世界大戰後,他即成為羅馬尼亞的總統,但最後卻不幸被謀殺。約爾加為羅馬尼亞宗教的貢獻良多,也在教育上付出心力,還對於文學及歷史有相當深的研究。

【1列伊反面】
◎阿爾杰什教堂,又稱鳥人教堂(Curtea de Argeş Cathedral)
阿爾杰什教堂是羅馬尼亞最著名的教堂,於1512年興建,教堂前塔樓窗戶設計成扭曲,極為罕見。這座教堂是當時歐洲最美麗教堂之一,為了防止工匠再造一座更好的教堂,所以在教堂房頂最後修飾時抽掉所有梯子,工匠只好藉助剩物製成翅膀,仿照鳥飛,不幸墜地身亡,鳥人悲劇故事因而留傳下來。
◎鈔票左側銜著十字架的老鷹是羅馬尼亞國徽。

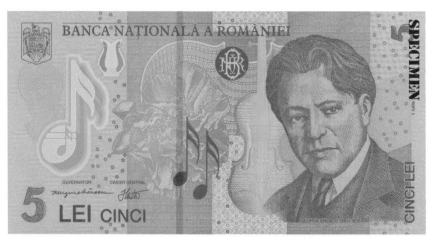

【5列伊正面】

◎作曲家喬治・埃內斯庫(George Enescu, 1881-1955)及康乃馨花、音符、小提琴

喬治・埃內斯庫在進入維也納音樂學校後，成功的成為著名小提琴家、作曲家，畢業後曾到過美國擔任指揮，並創作出許多樂章。讓世人更加震驚的是，當他十六歲時，就能寫出四份交響樂研究，以及被發表於巴黎的小提琴協奏曲，使音樂打動許多人的心。1898年以一曲〈狂想曲〉聞名於世，1899年榮獲巴黎小提琴比賽最高獎。在他過世之後，政府將他的故鄉改名為George Enescu。

【5列伊反面】

◎羅馬尼亞雅典娜音樂廳(Romanian Athenaeum)、鋼琴、五線譜

音樂廳位於羅馬尼亞市中心布加勒斯特，是國家的主要音樂廳，也是每年國際音樂節舉辦的場所。1865年羅馬尼亞建立了音樂廳，大部分建築資金是來自二十八年公開募款的結果。大廈是由法國建築師阿爾伯特・加勒隆設計，以新古典主義為主，浪漫、簡樸。底層是華麗的會議大廳；觀眾席有六百個座位，另外還有五十二個包廂。在包廂之上的是帶狀裝飾和二十五幅畫組成的壁畫，描述羅馬尼亞歷史故事。

【10列伊正面】

◎羅馬尼亞畫家格里高萊斯庫(Nicolae Grigorescu, 1838-1907)，調色板、畫筆及蜀葵花

格里高萊斯庫年輕時，替教會和修道院描繪聖像，然後在法國繼續學習，開始在印象主義中尋找新手法和宣揚繪畫概念，並且陸續在巴黎展出畫作。1877年他成為軍事畫家，在羅馬尼亞獨立戰爭中伴隨羅馬尼亞軍隊，使他創作了許多關於大量剪影的圖畫，有別以往風格。從1879到1890年，他在法國以描述牧人作為題材，特別是農民女孩推著黃牛推車的畫像，大多記錄鄉下公路和其他風景。

【10列伊反面】

◎格里高萊斯庫的油畫〈羅狄卡〉(Rodica)，描繪一鄉村女孩的勞動情形，現收藏於羅馬尼亞銀行博物館。旁邊是奧爾特尼亞(Oltenia)地區的常見民宅。

【50列伊正面】

◎發明家奧雷爾‧弗萊庫(Aurel Vlaicu, 1882-1913)，飛機螺旋槳及雪絨花

1909年，弗萊庫開始製造滑翔翼，並著手建造飛機，於隔年開始第一次飛行，使他因而贏得許多獎賞，但在維也納附近的Aspern進行飛行表演，不幸於1913年試圖橫渡阿爾巴阡山脈意外失事死亡。

【50列伊反面】

◎金雕(Aquila Chrysaetos)

金雕俗稱為驚雕，是羅馬尼亞特種山鷹，體態最雄偉的猛禽。特色為頭頸上的金色羽毛、黑眼睛、灰色喙。

◎鈔票左側為Vlaicu二代飛機設計及「守護神」號的發動機設計草圖。

【100列伊正面】

◎著名作家卡拉迦列(Ion Luca Caragiale, 1852-1912)，喜劇面具及紫羅蘭花

卡拉迦列開始他的事業是在雜誌中出版一系列的詩，成為當時最重要的文藝運動主導成員之一。
除此之外，他的戲劇總是參雜古典建築和社會現實景象，深刻的觀察與描繪人民生活，令人感覺
十分寫實。

【100列伊反面】

◎布加勒斯特國家劇院，左側是劇作家卡拉迦列塑像，右側是喜劇面具

1875年正式地被命名為國家劇院，現在由羅馬尼亞文化部管理，位於市中心，交通方便。1852
年12月31日劇院正式開幕，以戲劇〈Zoe sau Amantul împrumutat〉當作首演，被大眾媒體描述
為「雜耍表演」。1944年8月24日因第二次世界大戰而受到損毀，現已完全修護。

【200列伊正面】
◎詩人盧西安‧布拉
加(Lucian Blaga, 1895
-1961)鈔票正中間是他
的詩集及國花狗薔薇。

【200列伊反面】
◎羅馬尼亞新石器時
代的一座石雕〈沉思
者The Thinker〉，
被認為與宗教儀式有
關，珍藏於歷史與考
古博物館，及民俗村
內的一座小木屋，其
上有彩虹。

【500列伊正面】
◎羅馬尼亞詩人米哈
伊‧愛明內斯庫(Mihai
Eminescu, 1850-1889)。

Eminescu寫詩的題材跨越相當大的範圍，從自然、歷史到社會評論都
有，而且許多作品被翻譯成六十種語言。他的生活、工作和詩歌特別能
影響羅馬尼亞文化，其代表作：〈晨星〉、〈我有一個未完成心願〉。
◎左側為百合花、羽毛筆、沙漏。

【500列伊反面】
◎中央圖書館
為紀念500列伊正面的民族詩人而取名的愛明內斯庫(Eminescu)大學。這座中央圖書館是此大學主要的建築物。

一鈔一世界

羅馬尼亞是歐洲第一個採用「塑膠貨幣」國家，印刷精美。它不但抗侵蝕，耐折、耐磨、可重新清潔，多次循環使用，壽命至少是紙幣之五倍，當然，其成本也貴上二倍。羅馬尼亞鈔票正面都是該國各類傑出人才，反面也用相關之建築。

羅馬尼亞曾嚴重通貨膨脹，1萬元舊鈔只能換1列伊(2005.7.1改制，見羅馬尼亞鈔票系列的首張1列伊)。

俄羅斯 金磚之國
Russia

(5) (10) 50 100

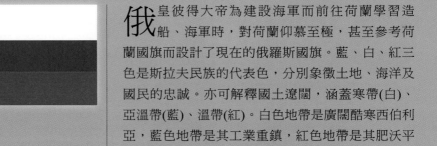

面積：1,709.7萬平方公里
人口：1億4,680萬人
首都：莫斯科(Moscow)
現行貨幣：盧布(Ruble)
1歐元≒70.5盧布
主要產業：鋁、木材、紙、合板、石化、重工業、原油、瓦斯
俄羅斯印象：克里姆林宮、天鵝湖、列寧、歐亞大國、莫斯科大學、蘇聯解
　　　　體、西伯利亞、伏特加、馬戲團、魚子醬、石油、天然氣、彼得
　　　　大帝、捷琳娜大帝

俄皇彼得大帝為建設海軍而前往荷蘭學習造船、海軍時，對荷蘭仰慕至極，甚至參考荷蘭國旗而設計了現在的俄羅斯國旗。藍、白、紅三色是斯拉夫民族的代表色，分別象徵土地、海洋及國民的忠誠。亦可解釋國土遼闊，涵蓋寒帶(白)、亞溫帶(藍)、溫帶(紅)。白色地帶是廣闊酷寒西伯利亞，藍色地帶是其工業重鎮，紅色地帶是其肥沃平原，農業生產世界名列前茅。

領土向西至波羅的海沿岸，並因西伯利亞散居少數民族，領土迅速向東擴張，成舉世面積最大國家；同時在經濟、軍事、教育進行歐化改革。二十世紀上半葉，蘇俄在重工業、軍火工業成績驚人，蘇聯解體後，各項競爭力衰退。

【10盧布正面】
位於東西伯利亞的克拉斯諾亞爾斯克(Krasnoyarsk)，有橫跨葉尼塞(Yenisei)河的葉尼塞河大橋(Bridge of Yenisei River)，其旁為聖帕瑞斯科夫(St. Paraskeva)教堂的尖塔。

【10盧布反面】
◎克拉斯諾亞爾斯克(Krasnoyarsk)水力發電的水壩
俄羅斯水資源極為豐富，但分布不均，人口稀少的北部和東部寒冰地區布滿眾多的河流。為解決水資源分布不均的問題，前蘇聯時期共建設了十五項調水工程，並生產豐富的水力發電。

【50盧布正面】
◎聖彼得堡(St. Petersburg)
為俄國最早期的城堡及要塞，1703年由Domenico Trezzini設計和建造。堡內包含許多建築物，包括聖彼得保羅大教堂，裡面放置所有俄國沙皇的遺骸，鈔票上還可看到聖彼得堡的古戰船紀念柱(Rostral Column)的女神雕像，背後建築是聖彼得堡股票交易所。

【50盧布反面】
◎聖彼得堡紀念館，前方一柱擎天的船首柱(Rostral Column)是代表海軍的海戰紀念柱，背後建築是聖彼得堡股票交易所。

【100盧布正面】
◎鈔票正面是莫斯科波西修芭蕾舞大劇院(Bolshoi Theatre)門廊上的勝利女神Quadriga和四馬兩輪戰車的雕像，充滿陽剛的魅力。

【100盧布反面】
◎莫斯科波西修芭蕾舞大劇院(Bolshoi Theatre)
俄羅斯以芭蕾舞聞名於世，而俄語Bolshoi即代表「盛大」之意。
十八世紀中葉，歐洲流行義大利歌劇，為了追求時尚，俄國在1776年興建此大劇院，成為當時最宏偉之殿堂，擁有兩千兩百個座位，舞臺可容納一千五百人的龐大演出，吸引無數愛好者前往觀賞。

【200盧布正面】
◎克里米亞南部Tauric Chersonesos的克森尼索國家公園內，有一處古希臘遺跡，列為古蹟保護區。背景右側有其地理位置。

【200盧布反面】
◎俄羅斯塞瓦斯托波爾(Sevastopol)的地標——海軍沉船紀念碑。背景是雅爾達(Yalta)附近懸崖的燕子堡(Swallow's Nest)，兩者均在克里米亞(原為烏克蘭領土，今納入俄羅斯)。

【500盧布正面】

◎彼得一世紀念碑(Monument of Peter the Great)建於1898年，位於塔甘羅格(Taganrog)港

彼得一世(1672-1725)為俄羅斯帝國沙皇。為吸取西歐文化，從1697年起，彼得大帝歷訪英國、荷蘭、德國各地。外交方面，為獲得出海口，而與瑞典、土耳其交戰。為取得戰爭勝利，實行富國強兵政策，在財政和行政改革中，立足於農奴制，發展經濟，振興教育，刷新文化。1708年實施地方機構改革，貨幣制度改革。建設新都聖彼得堡，並於1712年遷都至此。經過彼得一世的改革，俄羅斯已經成為面貌一新的歐洲強國。

◎背景是阿爾漢格爾斯克(Arkhangelsk)港口及謝多夫號帆船。

【500盧布反面】

◎阿爾漢格爾斯克市港口

內有東正教的索洛維茨基修道院(Solovetsky Monastery)，在1992年列為世界遺產。此修道院於1330年由三位僧侶修建，數世紀以來，領域展展開來，如今，成為博物館保護區。

【1,000盧布正面】
◎智者雅羅斯拉夫大公(Yaroslav Ⅰ the Wise, 978-1054)
雅羅斯拉夫一世‧弗拉基米羅維奇是古羅斯王公（1016年～1018年在位）、基輔大公（1019年～1054年在位）。他統治的時代是基輔羅斯最強盛的時期之一。雅羅斯拉夫的軍事活動成績就輝煌，除了征服芬蘭南部，還從波蘭手中奪回東加利奇，隨後與波蘭國王卡西米爾一世締結盟約。雅羅斯拉夫在位時期，基輔羅斯文化頗有發展。他曾下令編纂編年史，並組織希臘語文獻翻譯為斯拉夫語。
◎右側背景是克林姆林宮Kremlin城外的小教堂。

【1,000盧布反面】
◎雅羅斯拉夫爾市的聖約翰教堂
雅羅斯拉夫爾(Yaroslavl)位於伏爾加河和科托羅斯爾河相會之處，是一個交通樞紐，高速公路、鐵路和水路都在此相會，同時也是個工業重鎮。
◎鈔票上的建築是位於雅羅斯拉夫爾的聖約翰浸信會教堂(St. John the Baptist Church)。

【2,000盧布正面】
◎位於俄羅斯遠東康諾州的阿穆爾地區(Amurskaya Oblast)（註：此地區即1860年中俄北京條約所割讓的黑龍江以北、外興安嶺以南）的太空發射場。右側背景有其地理位置。

【2,000盧布反面】
◎2012年在海參崴(Vladivostok)舉行APEC(亞太經合會)所建造聯絡遠東大陸與海參崴的俄羅斯島(Russky Island)，橫跨東博斯普鲁斯海峽，為當年全球最長的斜張橋。右側背景是海參崴遠東聯邦大學。

【5,000盧布正面】
◎位於哈巴羅夫斯克(Khabarovsk)的東西伯利亞，總督尼古拉・穆拉維夫・阿穆爾斯基(Nikolay Muravyov Amursky, 1809-1881)之紀念碑，1858年曾與清朝黑龍江將軍奕山簽訂「璦琿條約」，得到黑龍江以北、外興安嶺以南六十萬平方公里土地，沙皇亞歷山大二世封其為黑龍江伯爵。

【5,000盧布反面】
◎建於1916年阿穆爾河（黑龍江）上的哈巴羅夫斯克公路橋(Khabarovsk Bridge)。

一鈔
一世界

俄羅斯鈔票正面是塑像，背景則為歷史古蹟，它畢竟是一大國，建築極為宏偉。2017年底再推出盧布系列沒有的200及2,000盧布；其中200盧布之反面為著名軍港塞瓦斯托波爾的沉船紀念碑，正面為克里米亞半島的古希臘遺跡，而2,000盧布其反面為遠東地區的海參崴跨海大橋，正面是遠東阿穆爾的太空發射站。這兩張新鈔是經全國比賽所勝出之作品。

斯洛伐克 滑雪勝地
Slovakia

面積：4.9萬平方公里
人口：545萬人
首都：布拉提斯拉瓦(Bratislava)
原使用貨幣：克朗(Koruna)
現行貨幣：歐元(Euro)
1歐元≒30.126克朗
主要產業：汽車、機械、塑膠、鋁製品、木材、造紙
斯洛伐克印象：天鵝絨革命、溫泉水療

國旗的白、藍、紅三色，代表斯拉夫民族。另有一盾牌，上有雙十字立於山峰上，表示人民保衛國土的英勇。

　　斯洛伐克原與捷克同一國度，因捷克以工業為主，斯洛伐克以農業為主，1993年決定和平分手，稱為「天鵝絨革命」(Velvet Revolution)，分裂後經濟曾現窘困，現積極發展觀光業及工業。

【20克朗正面】
◎普里畢納王子(Pribina, 800-861)
普里畢納是尼特拉公國的王子。斯拉夫人於西元五世紀遷徙來到斯洛伐克，經常受到遊牧民族阿哇爾人(Avars)的侵襲。在法國商人薩摩的領導下，他們擺脫了阿哇爾人的控制，並成立第一個斯拉夫人的國家──薩摩帝國。阿哇爾人被打敗後，普里畢納王子成立了尼特拉(Nitra)公國，直到西元830年左右，被鄰國的統治者摩拉瓦·摩吉米爾一世(Morave Mojmir I)所征服，隨後成立了大摩拉瓦國，就是捷克與斯洛伐克的前身。

【20克朗反面】
◎尼特拉城堡(Nitra Castle)風光
尼特拉城堡建於十一世紀，曾為政治中心，現為考古重鎮，內有斯洛伐克第一座教堂，也是全中歐第一座天主教大教堂，自九世紀開始興建，分別於十四及十七世紀陸續完工，尼特拉城堡內有主教座堂、主教堂、神學院及教士住宅組成，現成旅遊景點。

【50克朗正面】

◎希臘著名學者、神學者及語言學家基里爾(St. Cyril, 827-869)和梅多迪斯(St. Methodis, 826-884)兩兄弟

根據俄羅斯歷史記載，基里爾和梅多迪斯原來都是拜占庭的傳教士，精通數種語言。他們生於馬其頓一個希臘家庭，具有淵博的文化知識。西元863年，他們根據斯拉夫語文的語音，以希臘字母為藍本，創造斯拉夫字母，共四十三個字；他們把《聖經》譯為斯拉夫文，在斯拉夫民族引起很大的迴響，使人民開始接受基督教文化，並發展自己國家的文化和藝術，目前全世界有三億人使用斯拉夫字母。

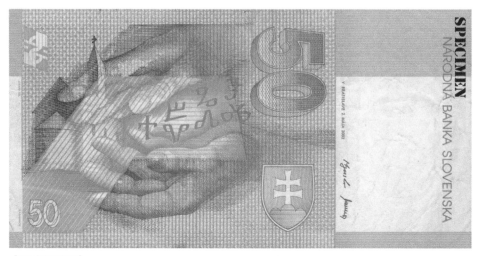

【50克朗反面】

◎雙手中有Darzovce的中世紀教堂，及斯拉夫字母表中間的前七個字母，代表東正教之興起及兩兄弟帶給斯拉夫人的禮物。

【100克朗正面】

◎聖母瑪麗亞像

Madonna是天主教對耶穌的母親瑪麗亞的尊稱。它來自義大利文"Mia Donna"，意味著「我的夫人」(My Lady)。此肖像取材於聖‧雅可布教堂(St. Jacob Church)的主祭壇上木雕，是藝術大師帕沃爾(Pavol)的作品。

【100克朗反面】

◎左側是自由皇家鎮的勒渥查市政廳(Levoca Iown Hall)

這個自由皇家鎮位於斯洛伐克的斯皮思(Spis)南部。勒渥查建於1249年，由於經由此鎮免通行費並被當局賦予特權，於是成了匈牙利到波蘭路線上的重要貿易中心。哥德式小鎮勒渥查是個歷史悠久且豐富的城市。此鎮有聖‧詹姆士教堂(St. James Church)，是十四世紀由帕沃爾(Pavol)大師建造，也是文藝復興時期的歷史文物古蹟。

◎右側是聖‧雅可布教堂，內有聖母瑪麗亞木雕。兩棟均是雅譽聞名的美麗城市──勒渥查著名之建築。

【200克朗正面】

◎語言文學家安東‧貝諾拉克(Anton Bernolak, 1762-1813)

安東‧貝諾拉克受過良好教育，並有著廣泛的知識，不但到過許多地方學習，還會說很多種語言。安東‧貝諾拉克建立了斯洛伐克人方言上的新語言，這種語言使用一種語言學的拼字，而且於1790年在他的《Grammatica Slavica》首先使用。這是本文法教科書，以斯洛伐克人的方言為基礎。為了完成語言法典編纂，他也從事字典的創作。

【200克朗反面】

◎特爾納瓦(Trnava)

特爾納瓦是位於斯洛伐克西部、首都布拉提斯拉瓦東北的一個城鎮。它是宗教歷史的中心，在城鎮裡可以看到許多教堂及哥德式建築。最前面的高塔是文藝復興塔(Renaissance City Tower)，為特爾納瓦的象徵。

【500克朗正面】

◎教育家、語言學家、詩人和新聞工作者路德維托・史都爾(Ludovit Stur, 1815-1856)

路德維托・史都爾是斯洛伐克語全國復興時期的領導者。在十九世紀，他是斯洛伐克語標準語言的作者，導致當代斯洛伐克語文藝復興。

【500克朗反面】

◎布拉提斯拉瓦城堡(Bratislava Castle)

布拉提斯拉瓦城堡是首都布拉提斯拉瓦的主要城堡。中世紀的奧匈帝國曾在此地建都，在中古世紀時期，具有重要戰略的位置。距今已有數百年歷史的古城，內部景色依舊，四個角落有塔狀的巨大矩形建築物，有巴洛克的聖・米歇爾教堂(St. Michael)及哥德式的科拉里斯基教堂(Klarisky Church)，能一覽整座城堡的景色。下方的曲線代表沿著城池的多瑙河(River Danube)。

【1,000克朗正面】
◎天主教神父和民族主義的領導者安德吉・林卡(Andrej Hlinka, 1864-1938)
　　如同斯洛伐克的父親一般，安德吉・林卡曾為斯洛伐克政治家、捷克天主教神父、羅馬宗教的
首席書記官、捷克國民大會成員和聖維特(St. Vojtech)團體的主席。他創辦了「斯洛伐克人民
黨」，帶領人民艱苦戰鬥，最後從奧匈帝國中獨立，幫助斯洛伐克人民從統治者手中解放。

【1,000克朗反面】
◎左側為位於魯森比洛克(Ruzomberok)的聖・安德魯教堂(St. Andrew Church)，右側為教堂內中
世紀聖母瑪麗亞壁畫。

【5,000克朗正面】
◎米蘭‧拉斯提司拉夫‧史特拉尼克(Milan Rastislav Stefánik, 1880-1919)

斯洛伐克政治家、外交官、天文學家和將軍，擁有天文及哲學博士學位，肖像左側有日月圖案，代表天文研究。在第一次世界大戰期間，是法國軍隊的將軍，同時也是捷克斯洛伐克戰爭中，國家會議主導成員的其中一個，也擔任國防部長。他為捷克斯洛伐克爭取主權，對國家有相當大的貢獻，被列為「建國三元勳」之一。

【5,000克朗反面】
◎位於Bradlo山丘的史特拉尼克墓園(Stefánik' grave)。

史特拉尼克在1919年5月死於飛機失事、大熊星座(The Great Bear)——北斗七星參雜其間，是他所進行的天體研究。白頭翁花(Pasque flowers)是紀念這位一代多才多藝的偉人。

一鈔一世界

天主教對斯洛伐克來說，在社會占有相當重要的地位，在日常生活中，可以從各城市看見許多教堂，那是古時人民聚集的地方，而在今日已成為國家象徵性的建築物。

斯洛伐克的鈔票在正面人物肖像中折射出不同色彩的光，讓人有極深刻印象，十分特殊，顯得瑰麗浪漫。為約瑟夫‧布巴克(Jozef Bubak)設計。斯洛伐克於2009年1月1日正式加入歐元區，為第十六個使用歐元的歐盟國家，在昔日共產陣營國家則是第二個，僅次於2007年的斯洛維尼亞。

原來國名叫「捷克斯洛伐克」，1993年和平分離成兩個國家，所以斯洛伐克使用鈔票歷史短，但設計獨特，品質甚佳。自加入歐元區，斯洛伐克克朗永遠退出流通。

烏克蘭 美人國度
Ukraine

⑤ ⑩ 50 100

面積：60.4萬平方公里
人口：4,240萬人
首都：基輔(Kyiv)
現行貨幣：赫利夫納(Hryvnia)
1歐元≒31.1赫利夫納
主要產業：鋁、鋁合金、牛奶、起司、運輸工具
烏克蘭印象：黑土、甜菜、東歐穀倉、車諾比事件、鐵礦、基輔

藍色是天空的顏色，象徵自由和主權；黃色代表土地及物產，表示烏克蘭為以農立國的國家。烏克蘭國旗「黃、藍」對比色，十分顯眼。

　　烏克蘭有肥沃的黑土，甜菜、小麥很有名，以前被稱蘇俄穀倉。原本鐵礦及工業發達，自1991年蘇聯解體後，烏克蘭成為歐盟及獨立國協的交叉點，地理位置重要，也曾賣半完成的航空母艦給中國，足見其工業水準。

【1赫利夫納正面】
◎弗拉基米爾一世(Vladimir I, 958-1015)
古羅斯政治家和軍事活動家，於969-977年成為諾夫哥羅德王公，978年-1015年成為基輔大公，
在留里克王朝諸大公中，第一個注意到宗教的威力。他的宗教政策是儘可能使人民的信仰對大公
政權有利。
他曾試圖統合東斯拉夫人普遍信仰的多神教，下令蒐集所有多神教諸神的神像，但沒有成功，於
是決定選擇東正教為基輔羅斯的唯一宗教。由於意識到宗教信仰對鞏固封建制度的有利性，立刻
開始強制推行東正教為羅斯的國教，命令人民必須信仰。下令所有基輔市民在第聶伯河中接受拜
占庭教士的洗禮，並把多神教的神像投入河中，這一歷史事件稱為「羅斯受洗」。

【1赫利夫納反面】
◎首都基輔(Kyiv)的弗拉基米爾(Vladimir)城堡及城牆。

【2赫利夫納正面】
◎智者雅羅斯拉夫大公(Yaroslav Ⅰ the Wise, 978-1054)
雅羅斯拉夫一世。他統治的時代是基輔羅斯最強盛的時期之一。雅羅斯拉夫的軍事活動成就輝煌，除了征服芬蘭南部，還從波蘭手中奪回東加利奇，隨後與波蘭國王卡西米爾一世締結盟約。雅羅斯拉夫在位時期，基輔羅斯的文化頗有發展。他曾下令編纂編年史，並組織希臘語文獻翻譯為斯拉夫語。雅羅斯拉夫去世後，其遺體安葬於基輔聖·索菲亞大教堂。

【2赫利夫納反面】
◎聖·索菲亞大教堂(Cathedral of St. Sophia)於1990年列入世界遺產名錄，屬於拜占庭建築，是當時世界最漂亮的穹窿圓頂教堂。

【5赫利夫納正面】

◎波格丹・赫梅利尼茨基將軍(Bogdan Khmelnitsky, 1595-1657)是烏克蘭哥薩克人首領
他帶領起義，反對波蘭和立陶宛聯邦(1648-1654)，讓哥薩克1649年8月建立了獨立國家。1654
年，他與俄國沙皇阿列克謝一世(1629-1676)簽訂的佩列亞斯拉夫(Pereyaslav)條約，最後導致烏
克蘭完全併入俄國帝國，也就是以後的蘇聯。

【5赫利夫納反面】

◎位於Subotiv的伊林斯卡教堂(Illinska Church)，赫梅利尼茨基埋葬在此教堂，右側是他使用過的
兵器。

【10赫利夫納正面】
◎馬澤帕(Ivan Stepanovych Mazepa, 1644-1709)是烏克蘭哥薩克人首領
他摒棄對俄國帝國的忠誠，否定佩列亞斯拉夫(Pereyaslav)條約，這是一項打破俄國皇家條約的
違例。1991年在烏克蘭獨立以後，馬澤帕成為全國的英雄，因為他是第一個反對沙皇濫用佩列
亞斯拉夫條約的人。

【10赫利夫納反面】
◎佩喬爾斯克修道院(Pechersk Monastery)
其內的聖母堂(Assumption Cathedral)，在1990年被列入世界文化遺產。

【20赫利夫納正面】

◎伊凡・法蘭科(Ivan Franko, 1856-1916)在2016年為紀念逝世百年重新改版

伊凡・法蘭科是烏克蘭詩人、作家、社會和文藝評論家、新聞工作者、經濟學家和政治活動家。
在烏克蘭除了文藝工作之外，他並翻譯許多著作，對現代文藝和政治思想有巨大的衝擊。

【20赫利夫納反面】

◎利沃夫(Lviv)歌劇院

利沃夫歌劇院是以古典傳統為基礎，並使用巴洛克建築學來設計外觀。歌劇院的門面用許多哥林
多柱式磚欄、半露方柱、樓梯欄杆、飛簷、雕像等豐富的裝飾。站立在大門上的圖像是代表喜劇
和悲劇的Antoni Popiel和Tadeusz Baroncz雕刻；大廈則由古銅色雕像加冠，象徵榮耀、詩歌和音
樂，是歐洲最美的歌劇院之一。

【50赫利夫納正面】

◎烏克蘭史學家、政治家米哈伊洛‧赫魯格甫斯基(Mykhailo Serhiyovych Hrushevsky, 1866-1934)

米哈伊洛‧赫魯格甫斯基是二十世紀初期烏克蘭的重要人物之一。1917年，赫魯格甫斯基被選舉為革命議會的領導者，在基輔逐漸引導烏克蘭全國透過自治權完全獨立。1919年，並成為第一位烏克蘭蘇聯時期的總統。在1934年，卻離奇死亡。

【50赫利夫納反面】

◎烏克蘭議會(Centralna Rada)。行使期間為1917-1921年。

【100赫利夫納正面】
◎烏克蘭詩人、藝術家、人道主義者塔拉斯‧舍甫琴科(Taras Hryhorovych Shevchenko, 1814-1861)
塔拉斯‧舍甫琴科的文藝被視為現代烏克蘭文學的基礎和遺產。

【100赫利夫納反面】
◎基輔大學成立於1834年，為歐洲十大名校之一，是著名的教育、科學和文化研究中心。

【200赫利夫納正面】
◎烏克蘭女作家萊斯雅‧烏克蘭英卡(Lesya Ukrainka, 1871-1913)
烏克蘭英卡寫了史詩、戲曲、散文、文藝評論等文章和社會、政治雜文。她最佳作品是戲劇《貴婦》(Boyarynya)，內容提到烏克蘭歷史；還有《森林歌曲》(Lisova pisnya)，是描寫烏克蘭民間傳說和神話，帶給烏克蘭人民相當大的影響。

【200赫利夫納反面】
◎盧茨克城堡(Lutsk Castle)入口城樓，是烏克蘭的重要古蹟。

【500赫利夫納正面】
◎詩人、哲學家、作曲家斯科沃羅達(Hryhorii Skovoroda, 1722-1794)
1741至1744年間，他是俄國帝國莫斯科和聖彼得堡皇家唱詩班的成員。大部分的時間，斯科沃羅達擔任教師一職，教學內容為大多為詩歌、句法和希臘語。在一次挫折之後，他決定放棄教學之路，開始邁向創作音樂。他曾經為禮拜儀式的音樂作曲，並且透過該領域來表達民間音樂，聲名大噪。

【500赫利夫納反面】
◎國立基輔‧莫希拉大學(National University of Kyiv-Mohyla Academy)
位於基輔，是烏克蘭的最高學府。基輔‧莫希拉大學的前身是基輔‧莫吉拉(Mogila)學院，建於十八世紀，是東歐神學院中最古老和最卓越的學術教學機構。詩人斯科沃羅達曾是這所大學最有名的學生。

一鈔
一世界

烏克蘭的鈔票正面都是歷史人物（人物在中央者為2017年起，新改版者，都是同一人），反面則是重要建築。由於烏克蘭深受俄羅斯影響，許多重要人物都與俄羅斯有很大的關聯，例如：智者雅羅斯拉夫即是一例。他們擁有過去共同的歷史背景長達好一段時間，因此從鈔票中也可以看見彼此的關係曾經如此密切。

第三篇 南歐
South Europe

· 南歐指歐洲南部，包括伊比利半島、義大利半島及巴爾幹半島的南部，也稱為地中海歐洲，大多數南歐國家均靠近地中海。

· 有所謂「地中海型」氣候，夏乾冬雨，種植橄欖、葡萄，大多風光明媚，生活悠閒。

· 依聯合國分區，南歐有阿爾巴尼亞、波士尼亞─赫塞哥維納、克羅埃西亞、塞普勒斯、希臘、義大利、馬其頓、馬爾他、葡萄牙、塞爾維亞、斯洛維尼亞、西班牙、安道爾、梵蒂岡、聖馬利諾、蒙特內哥羅、科索沃。

· 南歐除南斯拉夫分諸國（2007年1月1日起，斯洛維尼亞除外）未採用歐元，其餘都使用歐元。

LA LEGGE PUNISC
I FABBRICATORI E GLI SPA
DI BIGLIETTI FALSI

阿爾巴尼亞 山鷹之國
Albania

⑤ ⑩ 50 100

面積：2.9萬平方公里
人口：300萬人
首都：地拉那(Tirana)
現行貨幣：列克(Lek)
1歐元≒133.7列克
主要產業：菸草、醫藥用原料、水果、棉花
阿爾巴尼亞印象：鷹之國、德蕾莎修女、海外移工、貧窮線

黑色雙頭鷹表示阿爾巴尼亞是「鷹的傳人」，雙頭鷹分別瞰望著歐洲和亞洲，代表阿爾巴尼亞位於歐亞兩洲中間點，位置居於樞紐，紅色代表原為共產國家及人民奮鬥的精神和先烈的熱血。

　　阿爾巴尼亞曾加入共產集團，目前絕大部分人民生活貧窮，有數十萬人民赴海外工作。該國有鉻、銅、鐵礦，但缺乏資金，尚未開採。

【100列克正面】
◎諾里(Fan Stilian Noli, 1882-1965)
諾里是阿爾巴尼亞主教，也是作家。1924年出任總理，透過精通十三國語言的諾里接洽，阿爾巴尼亞人民開始進行移民海外的活動。

【100列克反面】
◎阿爾巴尼亞議會大廈。

【200列克正面】
◎納伊姆・弗拉舍里(Naim Frashëri, 1864-1900)
弗拉舍里是阿爾巴尼亞詩人及作家，也是民族復興運動領導人。弗拉舍里從小就開始學習土耳其語、波斯語和阿拉伯語，並被灌輸許多東方的傳統精神，進而學習古老和現代的希臘語、法語、義大利語，使他在十九世紀晚期，成為一個能將東西方文化融合的優異知識分子。由於他的才華備受肯定，因此許多國家開始競相爭取跟他合作的機會，弗拉舍里一下子就兼了二十二項工作，並聲名大噪。在他的作品當中，內容表達許多對城市生活的不滿情緒，和對世界的理想；歌頌讚美歐洲的自然浪漫主義，將許多經典之作與愛國理想主義結合，剛中帶柔，呈現阿爾巴尼亞人民的真實情操。

【200列克反面】
◎房子為弗拉舍里的出生地，畫面上以其筆及手稿表達後世的瞻仰。

【500列克正面】
◎捷馬利(Ismail Qemali, 1844-1919)
捷馬利是阿爾巴尼亞民族運動領導人，他曾為了統一阿爾巴尼亞字母和創立阿爾巴尼亞文化協
會而努力，並因積極從事民主改革而遭到求刑。阿爾巴尼亞最後終於在1912年11月28日獨立，
成立政府，且由捷馬利擔任第一任總理直到1914年。

【500列克反面】
◎位於阿爾巴尼亞Vlora當年的獨立屋及通信機、會議桌。

【1,000列克正面】
◎博格達尼(Pjeter Bogdani, 1625-1689)
博格達尼是阿爾巴尼亞早期文學的作家，被阿爾巴尼亞稱為散文之父，也擔任過大主教。

【1,000列克反面】
◎阿爾巴尼亞Vau Dejes教堂。

【2,000列克正面】
◎古國伊利里亞(Illyria)末代皇帝Gentius (B. C. 180-168)在位。頭及頸都有黃龍膽(Gentiana Lutea)葉子，是Gentius發現有藥用價值，中上處有三枚古幣。

【2,000列克反面】
◎世界文化遺產布特林特劇場(Butrint Amphitheater)。見證羅馬帝國時期城市的昌盛，劇場位於衛城山腳。

【5,000列克正面】
◎斯坎德培(Skanderbeg, 1405-1468)

斯坎德培是民族英雄。在鄂圖曼土耳其帝國封建時代下，1443年11月斯坎德培帶領軍隊反抗，公然放棄先知與回教君主，背叛主國，建立屬於自己的國家，也就是阿爾巴尼亞的前身。登上王位後，他開始修建堡壘，且持續帶著他的隊伍防禦反抗勢力。1468年斯坎德培過世後，阿爾巴尼亞又被鄂圖曼土耳其帝國征服，並統治到1912年止。

【5,000列克反面】
◎Kruja城堡、斯坎德培騎馬塑像及皇冠。

阿爾巴尼亞是歐洲最貧窮的國家，人民要到外國當移工，多數人過著貧窮的日子。阿爾巴尼亞國家鈔票正面放上對國家有貢獻的人，如阿爾巴尼亞正統教會第一名教士諾里等，背面則放上建築物與物品，如弗拉舍里出生的建築物、議會大廈，以顯示阿爾巴尼亞的國家特色及歷史。

波士尼亞 多山國度
一赫塞哥維納
Bosnia-
Herzegovina

(5) (10) [50] [100]

面積：5.1萬平方公里　　**人口**：385萬人
首都：塞拉耶佛(Sarajevo)
現行貨幣：波赫馬克(Bosnian Convertible Mark)
1歐元≒1.96波赫馬克
主要產物：服飾、木材、煤、鐵
波赫印象：三教（回、天主、東正）雜居、邦聯、內戰

藍色旗底與白色星星表示波士尼亞為歐洲國家中的一員（與歐盟同一系統，為歐洲唯一有星星的國旗）。黃色象徵新希望，三角形分別代表回教徒、克羅埃西亞人、塞爾維亞人能夠和睦相處。

這個國家的前身就是南斯拉夫聯邦的一員，自解體後留下賽爾維亞，其餘獨立。過去長期內戰，經濟沉淪，生活水準下降，現已停戰，但百廢待興。

【1波赫馬克正面】

◎波士尼亞作家祖基(Ivan Frano Jukic, 1818-1857)。

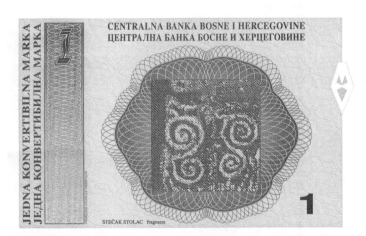

【1波赫馬克反面】

◎中古世紀之古墓碎塊，在波士尼亞的Stecak挖掘出。

【5波赫馬克正面】
◎梅沙‧塞利莫維奇(Mesa Selimovic, 1910-1982)
梅沙‧塞利莫維奇是二十世紀東南歐洲最了不起的作家之一，作品刻劃關於南斯拉夫和塞爾維亞人的問題。

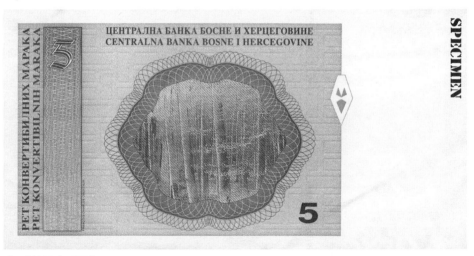

【5波赫馬克反面】
◎梅沙‧塞利莫維奇作品中描述的樹林。

【10波赫馬克正面】
◎阿列克薩‧山提克(Aleksa Šantic, 1868-1924)
阿列克薩‧山提克是波西尼亞塞爾維亞詩人。他的詩作題目大多在描述社會的不公道，抒發強烈情感和對家鄉的愛。

【10波赫馬克反面】
◎阿列克薩‧山提克詩中描繪的「一塊麵包」。

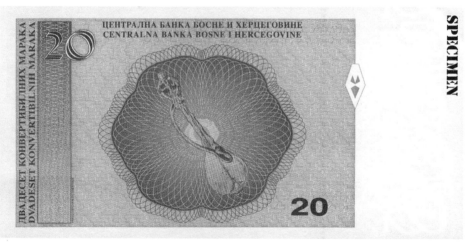

【20波赫馬克正面】
◎菲利普・維什尼奇(Filip Višnji, 1765-1835)
菲利普・維什尼奇是位盲人古斯爾(Gusle)演奏家，在全國革命期間，為了促進同胞士氣，組成許
多戰爭歌曲，並以史詩的形式記載戰爭。

【20波赫馬克反面】
◎樂器：古斯爾(Gusle)
菲利普・維什尼奇使用的古斯爾（相當於西方的吉他）。古斯爾是有木製共鳴箱，覆蓋上動物皮
面的單弦樂器，流傳在巴爾幹半島。

【50波赫馬克正面】
◎波士尼亞作家卡提克(Musa Cazim Catic, 1878-1915)。

【50波赫馬克反面】
◎石頭浮雕。

【100波赫馬克正面】】
◎佩塔爾‧柯西奇(Petar Kocic, 1877-1916)

佩塔爾‧柯西奇是波西尼亞塞爾維亞人，也是位詩人和作家。他建立雜誌《祖國》和一個政治小組，主張與奧匈帝國戰鬥，並且特別反對封建奴隸制，是位具有社會正義的人士。

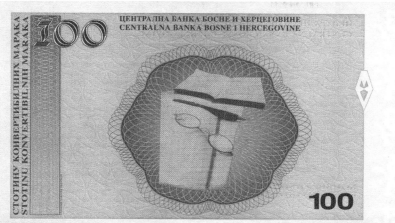

【100波赫馬克反面】
◎佩塔爾‧柯西奇所使用的書、眼鏡、筆。

【200波赫馬克正面】

◎伊沃・安德里奇(Ivo Andric, 1892-1975)

伊沃・安德里奇是克羅埃西亞和南斯拉夫的小說家，1961年得到諾貝爾文學獎。伊沃・安德里奇1892 年出生在Dolac村莊，他在大學學習了哲學，第一世界大戰期間因刺殺奧匈帝國皇儲案受牽連，甚至因此被拘留，並且開始了他的反奧地利活動。1923年，他進入南斯拉夫的外交部門服務。在第二次世界大戰過程中，他繼續居住在南斯拉夫首都，並開始推動文藝事業，直到1975年3月13日去世。

【200可兌換馬克反面】

◎德里納河(Drini)上的橋，曾是安德里奇的作品，追述十六世紀到一戰，波士尼亞在鄂圖曼帝國及奧匈帝國占領下發生的歷史事件，反映人民為爭取獨立，可歌可泣的故事。

一鈔一世界

波士尼亞國家的鈔票正面，都是詩人及作家，他們在波士尼亞作戰時，都有偉大的貢獻：包括促進同胞士氣、建立波士尼亞的標準語言等。

波士尼亞—赫塞哥維納原隸屬南斯拉夫，久歷內戰，1992年獨立，由信奉回教的波士尼亞與信仰東正教的赫塞哥維納組成「邦聯」。所印製之鈔票缺少特色，正面是歷史人物，背面是歷史文物。

克羅埃西亞 夢幻湖國
Croatia

⑤ ⑩ 50 100

面積：5.7萬平方公里

人口：431.3萬人

首都：札格瑞布(Zagreb)

貨幣：庫納(Kuna)

1歐元≒7.58庫納

主要產業：鮪魚、服飾、木材、鞋、化學品、水果、亞麻

克羅埃西亞印象：101忠狗、領帶、十六湖國家公園、足球、亞得里亞海

白、青、紅的順位就是斯拉夫民族的傳統，紅色是愛國的勇氣，白色象徵和平與安寧，青色表示自由和尊嚴。國徽的紅白方格展現出民族的傳統，是中古時代王國的徽章；五個盾形的小徽章分別代表境內的五個省。

克羅埃西亞曾為南斯拉夫聯邦一員，算是比較富裕之地，擁有豐富的森林及水利，還有農業及工業基礎，現更積極促進旅遊業復甦，有古城、海濱，是很好的觀光賣點。

【5庫納正面】

◎法蘭・克斯托・法蘭高賓(Fran Krsto Frankopan, 1643-1671)和佩塔爾・澤林斯基(Petar Zrinski, 1621-1671)

兩個人都是克羅埃西亞的貴族，也是領導克羅埃西亞人反抗維也納的民族英雄。先前也擊敗了鄂圖曼國土耳其帝國(Ottoman Empire)。

佩塔爾・澤林斯基曾被囚禁，當時寫過很多信給他的妻子，其中最有名的就是〈我真摯的愛〉(Moje Drago Serce / My Dear Soul)，這封信直到現在還被認為是用克羅埃西亞的民族語言所寫最好的一封信。

他們兩人最後在奧地利的維也納新城(Wiener Neustadt)被處決。

【5庫納反面】

◎瓦拉日丁城堡(Varazdin Castle)，右上側是城堡平面圖

瓦拉日丁城堡（十二至十六世紀）建立在克羅埃西亞和斯洛維尼亞的軍事疆界裡，該城堡在十九世紀是國王住所，現在則成為博物館。

【10庫納正面】

◎尤拉・多布里拉(Juraj Dobrila, 1812-1882)

尤拉・多布里拉是克羅埃西亞十九世紀的大主教，在1848年革命期間，他支持克羅埃西亞語言進入學校和公共生活，並資助想上學的孩子。1870年在他的支持下，克羅埃西亞出版了第一份屬於自己的報紙。尤拉・多布里拉過世後，捐贈了他的莊園做為慈善之用。

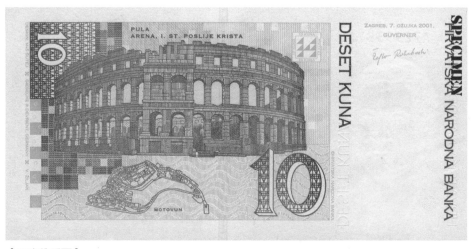

【10庫納反面】

◎克羅埃西亞普拉(Pula)競技場和競技場所在地的莫托文(Motovun)城

歷史名城普拉大型競技場全用石塊組成，約建於西元80年的古羅馬時代，可容納兩萬三千位觀眾，牆高三十公尺，是歐洲保存最完好的古建築之一，近年常在此舉辦大型藝文活動。下方的平面圖是在伊斯特里亞(Istria)的小城市莫托文的地圖。

【20庫納正面】

◎約瑟普‧耶拉契(Josip Jelacic, 1801-1859)

約瑟普‧耶拉契廢除了農奴制並保衛了克羅埃西亞自治權，是克羅埃西亞的政治人物和軍人，其早年為奧地利軍官，在義大利和波士尼亞(Bosnia)服役，1848年晉陞為中將，任克羅埃西亞總督兼部隊總司令，就職不久即占領克羅埃西亞的主要港口里耶卡(Rijeka)。他堅決要求克羅埃西亞議會宣布脫離鄂圖帝國獨立，首都的約瑟普廣場上有座騎馬揮戈的銅像紀念他。

【20庫納反面】

◎埃爾茲(Eltz)莊園及鴿壺

屬於埃爾茲家族的大莊園，位於武科瓦爾(Vukovar)，曾在戰爭中損毀，現已重建中。下方為屬於Vucedol文化的陶瓷做成的鴿壺，歷史年代久遠，約為西元前2,800至2,500年間的文物，是做為祭祀之用。

【50庫納正面】

◎伊凡‧貢都利奇(Ivan Gundulic, 1589-1638)

伊凡‧貢都利奇是詩人、作家。早期受文藝復興人文主義思潮影響，寫了許多愛情詩和劇本，現僅有《阿里阿德涅》等四部保存下來。後受耶穌教影響，發表了〈浪子淚〉等宗教詩，在1628年創作的詩劇《杜布拉夫卡》以譬喻手法指出政權應掌握在道德高尚有才能的貴族手上，譴責貪汙受賄現象。他的敘事詩〈奧斯曼〉，歌頌了1621年戰勝土耳其的英雄的豐功偉績，充滿愛國主義精神，是文學中的名篇之一。

【50庫納反面】

◎杜布洛夫尼克(Dubrovnik)城鎮的鳥瞰

杜布洛夫尼克古城建於十五世紀之前，十七世紀時曾被希臘殖民，兩個世紀後已是繁榮的城市，發展成為巴爾幹半島上重要的貿易據點和文化中心。1667年發生一場毀滅性大地震，使得城內的房屋受到嚴重破壞。重建時為保持房子的整齊外觀，政府制定一系列房屋造型和材料的標準與規則，終於形成了今日的樣貌。1979年聯合國教科文組織(UNESCO)將杜布洛夫尼克定為世界文化遺產。古老的城牆、碉堡、教堂、修道院、宮殿、官邸、鐘樓、廣場、藥房等散布在這座可愛的小城。各種羅馬、拜占庭、哥德、文藝復興或巴洛克風格的建築，讓杜布洛夫尼克就像是一座活生生的建築博物館。

【100庫納正面】

◎伊凡・馬祖蘭尼奇(Ivan Mažuranic, 1814-1890)

克羅埃西亞十九世紀中期文化中，伊凡・馬祖蘭尼奇是最重要的指標人物。他精通九種語言、天文學及數學，並擔任克羅埃西亞總督。當時克羅埃西亞被兩大強國──奧地利及匈牙利夾在中間，他必須徹底分析克羅埃西亞的優勢及弱點，以維持國家的地位。他決心要完成三件事：對經濟學、語言學及詩歌有所貢獻。在他任職期間，成功使克羅埃西亞的經濟有了成長，並讓國家的政治效仿當時歐洲的民主國家。他在文學方面的成就更是卓越非凡，在1842年出版一本字典，可說是克羅埃西亞近代文明的基礎。他所創造的字，現在都已成為克羅埃西亞人的日常用語；所寫的詩是全國人民必讀的，詩裡充滿著對國家的熱愛及讚揚。

【100庫納反面】

◎里耶卡(Rijeka)的聖維特(Svetog Vida)教堂和空中鳥瞰平面圖。

【200庫納正面】

◎斯捷潘‧拉迪奇(Stjepan Radic, 1871-1928)

斯捷潘‧拉迪奇是克羅埃西亞自治的倡導者，他在1904年組織克羅埃西亞農民黨，欲使克羅埃西亞人與塞爾維亞人站在平等地位，並承認克羅埃西亞傳統的自治狀態。因與首都貝爾格勒當局意見相左，後來在1919年至1920年間遭到監禁。1928年6月20日遭人槍擊，重傷後不幸過世。

【200庫納反面】

◎奧西耶克城堡(Osijek Citadel)

建於1726年的奧西耶克城堡是軍事指揮大廈。

【500庫納正面】
◎馬可‧馬魯利奇(Marko Marulic, 1450-1524)

馬可‧馬魯利奇是作家和人道主義者，也是克羅埃西亞人文學之父。他的白話詩標示著克羅埃西亞文學的開端。六十歲時，退居紹爾塔島方濟會修道院。他的道德勸善著作以拉丁文寫成，被譯成多種歐洲語言，這些著作強調基督教的實踐性。

【500庫納反面】
◎戴克里先宮殿(Diocletian's Palace)

戴克里先宮殿始建於十到十五世紀繼續擴建，工程浩繁，宏偉壯觀。其建築物和裝飾不僅具有中世紀、文藝復興和巴洛克時期的特色，也是羅馬式建築的最佳典範。列柱式宮庭是人們集會的場所，羅馬式拱廊下商店比比皆是，宮殿東門外有個大市集。當觀光客置身在穿著摩登的人潮中，可觀賞到羅馬時代以來各個時期的建築風格。1979年被聯合國教科文組織評為世界遺產。

【1,000庫納正面】
◎安泰·斯塔塞維奇(Ante Starcevic, 1823-1896)
政治家安泰·斯塔塞維奇1861年在克羅埃西亞議會中，創辦權力克羅埃西亞右翼黨派，發誓保
護克羅埃西亞全國和其種族權利，他慷慨激昂的愛國心贏得「國家的父親」頭銜。臨終前，他曾
請求不要為他設立紀念碑。

【1,000庫納反面】
◎托米斯拉夫(Tomislava)和薩格勒布(Zagreb)雙塔教堂
前方是克羅埃西亞於西元925年，建立國家組織的第一位國王托米斯拉夫騎馬雕像的紀念碑，後
方是薩格勒布雙塔教堂的正面圖，建立於1217年，是首都地標，雙塔在前期(1991年版)的鈔票
反面均有之。

一鈔一世界

克羅埃西亞風景宜人，如十六湖國家公園、亞得里亞海為渡假勝
地，首都札格瑞布是充滿歷史與文化的古城。在鈔票上，可看到諸
多為國為民的先知先烈及歷史古蹟。

塞普勒斯 狂歡春天
Cyprus

⑤ ⑩ 50 100

面積：9,251平方公里
人口：117.7萬人
首都：尼柯西亞(Nicosia)
現行貨幣：歐元(Euro)
原使用貨幣：塞普勒斯鎊(Cyprus Pound)
1歐元≒0.585274塞普勒斯鎊
主要產業：柑橘、馬鈴薯、葡萄、銅、紡織、鞋、水泥、旅遊
塞普勒斯印象：南北分裂、銅礦、愛神、世界拉力錦標賽

國旗上畫著塞普勒斯的國土形狀，下面加上兩枝橄欖葉，代表希臘裔與土耳其裔要和平相處，協力合作，建立安定繁榮的國家。國土形狀的黃色代表塞國出產的銅礦。

現在北塞（土裔）與南塞（希裔）水火不容，所以國旗背景用白色及兩枝橄欖葉實是用心良苦。現塞普勒斯積極發展旅遊、商業、金融，國民所得提高不少，2004年已加入歐盟，並於2008年使用歐元。

【1塞普勒斯鎊正面】
◎塞普勒斯女孩穿著傳統服飾，鈔票上面的文字和數字是用希臘文及土耳其文組成。

【1塞普勒斯鎊反面】
◎背景是Kato Drys村莊，前方是手工藝陶器及花邊絲帶。

【5塞普勒斯鎊正面】
◎在波希米亞Potamia村子發現的西元前五世紀的年輕男性之石灰石石雕。

【5塞普勒斯鎊反面】
◎ 佩里斯特羅納(Peristerona)佩里斯特羅納希臘式的教堂及土耳其式的清真寺。

【10塞普勒斯鎊正面】

◎在帕福斯(Paphos)發現的古羅馬時期狩獵與月亮女神阿爾忒彌斯(Artemis)的頭部大理石雕像，羅馬名字叫維納斯(Venus)。左下角的花卉為仙客來(Cyclamen)。

【10塞普勒斯鎊反面】

◎畫面由塞普勒斯的動植物資源，包括魯普氏林鶯(Ruppells Warbler)、摩弗倫羊(Mouflon)、綠海龜(Green Turtle)、帕福斯藍蝶(Paphos Blue Butterfly)、賽普勒斯鬱金香(Tulipa Cypria)及仙客來(Cyclamen)組成。

【20塞普勒斯鎊正面】
在索洛伊(Soloi)發現的西元前一世紀愛與美女神阿芙洛狄(Aphrodite)半身塑像，她是宙斯與暗夜女神勒托之女、太陽神阿波羅的妹妹。雖身為愛神，卻無法支配自己的愛情。

【20塞普勒斯鎊反面】
西元前四世紀的「凱里尼亞」號古希臘商船在1965年發現。船上載滿磨石及陶器，並裝滿葡萄酒、橄欖油。

一鈔一世界

塞普勒斯一無工業，二無金融業，是傳統的農產國，大力發展旅遊業及服務業，所以鈔票上表現出來的是較古典的東西，像是雕像以及手工藝品，或固有動植物、古建築。

目前南部的塞普勒斯使用歐元，北部由土耳其裔掌控，仍使用土耳其里拉，一島兩幣。塞普勒斯紙鈔設計有相當顯著之希臘風格，但更樸實，水準出色，2018年元旦起徹底作廢。

希臘 神話國度
Greece

⑤ ⑩ 50 100

面積：13.2萬平方公里

人口：1,112萬人

首都：雅典(Athens)

現行貨幣：歐元(Euro)

原使用貨幣：德拉克馬(Drachmas)

1歐元≒340.75德拉克馬

主要產業：觀光、食品、加工、纖維、化學、海運、橄欖

希臘印象：奧林匹克、愛琴海、巴特農神殿、亞歷山大、柏拉圖、希臘神話、午休、海倫、橄欖樹、西方文明、航運、渡假勝地、南歐四豬

藍色代表藍天和愛琴海，孕育航海技術及希臘文明；白色象徵和平與純潔；左上方一比一的十字表示希臘人所信仰的希臘正教。藍白相間的九條條紋是獨立戰爭時，希臘語的口號「無自由寧死亡」的九個音節。

　　希臘發展出之東方正教，因後來受回教的土耳其長期統治，宗教受到抑制，傳至東歐諸國的東正教也因共產國家是唯物論（無神論），所以難以拓展，比起天主教、基督教較式微。希臘是橄欖、葡萄、蘋果生產國，但工業不太發達，最有名的是航運業及旅遊業。

【50德拉克馬正面】

◎波塞冬(Poseidon)

希臘神話中的海神波塞冬(Poseidon)是天神宙斯(Zeus)的哥哥，控制所有海洋，手中握有三叉戟，憤怒時就會掀起巨浪，淹沒大地。

【50德拉克馬反面】

◎古希臘的帆船和男女漁民。右側之女士就是傳說中古代女船長Lascarina Bouboulina。

【100德拉克馬正面】

◎雅典娜(Athena)，右下角為其神殿

雅典娜是希臘神話的智慧與戰爭女神，也是文明生活、工藝和農業的保護者，全身穿著黃金盔甲，全副武裝，吶喊之聲震撼天地。希臘民族最大的強邦雅典，就是雅典娜所開創的。

【100德拉克馬反面】

◎阿達曼提奧斯‧科拉伊斯(Adamantios Korais, 1748-1833)

科拉伊斯出生在Smyrni，是人文主義者。1771年到荷蘭阿姆斯特丹開創事業，年輕的科拉伊斯在那裡有機會學習外語、研究科學和哲學，1782年回到了故鄉Smyrni，並再學習醫學。才智過人，特別被稱為希臘近代文學之父。

右下為克里特島之阿卡迪修道院。

【200德拉克馬正面】
◎里加斯‧維萊斯丁里斯─費洛斯(Rigas Velestinlis-Fereos, 1757-1798)
維萊斯丁里斯─費洛斯出生在塞薩利(Thessaly)，他是希臘啟蒙運動的先驅，希望帶領民眾從鄂
圖曼帝國的統治中解放出來，也是希臘作曲家。1798年夏，以反叛罪被拘捕處刑。右下背景是
人民在演唱他的愛國歌曲。

【200德拉克馬反面】
◎希臘畫家Nicholaos Gysis(1842-1901)的油畫作品〈隱蔽學校〉(Secret School)，畫面描述鄂圖
曼土耳其帝國統治時期，一所祕密學校中，傳教士在教學，傳播知識，為了保有希臘語言及文
化。

【500德拉克馬正面】

◎卡波迪斯崔亞斯(Loannis Capodistria, 1776-1831)

卡波迪斯崔亞斯是希臘獨立戰爭(1821-1827)後的第一位希臘總統，他在政治、教育、正義、公共建設、社會保障、農業、股票、養殖、貿易和運輸等領域極有貢獻，頗受後人景仰。

【500德拉克馬反面】

◎科孚島(Corfu)的老碉堡

建在第十三和十四世紀，有拜占庭式設防，並且在十五世紀由威尼斯人(Venetians)重建。十六世紀所有防禦結構的架設，由威尼斯建築師聖米凱利(Michele Sanmicheli)設計完成，是有名的古要塞。

【1,000德拉克馬正面】
◎希臘神話中的太陽神阿波羅(Apollo)。他是宙斯(Zeus)與勒托(Leto)的兒子，在希臘神話中，形象俊美，善於音樂、弓箭，也是光明之神。左下側是古希臘金幣。

【1,000德拉克馬反面】
◎左側是古代奧林匹克五項全能運動之一──擲鐵餅。〈擲鐵餅者〉是古希臘約西元450年著名雕刻家米隆之代表作，充滿人體之美及生命力，是藝術創作之典範，原作已失傳，現今為大理石複製品。右側是位於奧林匹亞的赫拉神廟(Hera Temple)，其為奧運聖火透過日光點燃的地方

【5,000德拉克馬正面】
◎科洛科特羅尼斯(Kolokotronis, 1770-1843)
科洛科特羅尼斯是希臘愛國者和將軍，1821年領導希臘獨立戰爭。

【5,000德拉克馬反面】
◎十三世紀初期在阿卡狄亞縣Kapytaina村修造的一座城堡。

【10,000德拉克馬
正面】
◎帕潘尼古拉
奧(Georgios N.
Papanikolaou,
1883-1962)

帕潘尼古拉奧出生在希臘基米艾維亞(Kimi Evia)島，是知名醫學家。他為人所知的帕潘尼古拉奧(Papanikolaou's)的測試，更以Pap汙跡著名，現在被使用於全世界子宮頸癌檢測，測試簡單而有效。

【10,000德拉克馬
反面】
◎阿斯科勒比俄斯
(Asklepios)

希臘醫神阿斯科勒比俄斯，西元前814年古希臘神話中的名醫，醫術高超，可讓面如死灰的病人恢復生機，容光煥發，就像蛻皮的蛇，蛻皮前舊皮暗淡無光，蛻皮後則表皮光鮮亮麗，人們因而認為醫生就像幫病人蛻下生病的舊皮，於是一根盤繞兩條蛇（如蛇蛻皮）及翅膀的手杖標誌，便成希臘醫神的象徵，也是現今醫學的標誌。相傳由於救人無數致使人間擁擠、冥界空盪，因而遭罰處死。

一鈔
一世界

希臘創造了燦爛的古代文化，在鈔票的正面放上了燦爛古代文化的代表——阿波羅、雅典娜，還有對子宮頸癌的偵測很有貢獻的帕潘尼古拉奧，至於背面，他們也放上神話中有名的醫神——阿斯科勒比俄斯，顯示希臘的文化特色。希臘紙鈔設計風格傳統，選用希臘神話中之名神，風景也選用世界文化遺產，人文色彩比較濃厚。

義大利 文藝搖籃
Italy

(5) (10) | 50 | | 100 |

面積：30.2萬平方公里

人口：5,980.1萬人

首都：羅馬(Rome)

現行貨幣：歐元(Euro)

原使用貨幣：義大利里拉(Lire)

1歐元≒1,936.27義大利里拉

主要產業：服飾、鞋、皮包、特殊機械、汽車、觀光、家具

義大利印象：米開朗基羅、蒙娜麗莎、比薩斜塔、羅馬武士、GUCCI、享樂主義、北重南輕、伽利略、大競技場、披薩、法拉利、黑手黨、地中海飲食、旅遊、文藝復興、時裝、七大工業國、南歐四豬

綠色代表義大利美麗的平原；白色表示阿爾卑斯山的白雪，也象徵和平；紅色象徵烈士的鮮血。綠、白、紅是當年拿破崙征服義大利，將法國國旗的青色改成綠色而來。

　　義大利是古羅馬帝國的中心，文化優勢一直維持數千年，十六世紀才移轉至大西洋歐洲。義大利仍屬世界七大工業國，工業由中小企業主導，經濟北重南輕。義大利古蹟處處，加上風光明媚，是旅遊大國。

【1,000里拉正面】
◎瑪麗亞‧蒙特梭利(Maria Montessori, 1870-1952)
瑪麗亞‧蒙特梭利是第一個將幼教工作帶向科學層次的人，是二十世紀兒童教育最重要的改革家。她是義大利當時第一位女醫師，卻受到醫界的排擠，沒有醫院願意請她服務，不得已之下，被派往一個智能不足兒童收養中心。她以母性的愛心及直覺，努力研究協助這些被認為無法學習的低能兒童，期使他們能回到正常社會，幾年間即成就非凡，終其一生都為兒童福祉孜孜不倦。
1907年，蒙特梭利於羅馬創辦蒙特梭利學校的前身Casa Dei Bambini（意即「兒童之家」），從事智障兒童的智慧開發工作，並探討將之用於正常兒童時的效果。不久，她得出重要結論：人類的智慧並非一成不變，如果能在幼兒時期的環境中給予足夠的學習條件，激發兒童的內在潛力，智慧方面將有相當驚人的成長。

【1,000里拉反面】
◎蒙特梭利認為每個幼兒都是天生的探險家，他們會主動、積極的去探險，並認識周遭世界，兒童之家非常重視學習環境及器材的設計，所有的設備都必須配合兒童幼小的身材。教學方法上分四大類：體能訓練、感官操作、生活學習及知識探索。

【2,000里拉正面】
◎古列爾莫‧馬可尼(Guglielmo Marconi, 1874-1937)
古列爾莫‧馬可尼是義大利物理學家、實用無線電報系統的發明人。他將別人闡明的電磁學原理應用於資訊的空間傳輸，從而開拓了不用導線就能對無數接收機同時進行電波通信的可能性。馬可尼出生於波洛亞，在學生時代攻讀物理學時，曾不斷探討麥克斯威爾(James Clerk Maxwell)的早期數學成果，以及赫茲、洛奇的電工實驗結果。1894年，馬可尼用相當簡陋的裝置，一支增壓感應線圈，一支發送端上由莫爾斯鍵控制的火花放電器，以及一支接收機上的簡單檢波器進行短距離的初步實驗，之後他改進了檢波器，並使用垂直天線，使信號的發射範圍擴大到1.5英里左右，這使他確信該項新通信系統的潛力。

【2,000里拉反面】
◎無線電報技術的發展，馬可尼在不斷實驗中改進了發射和接收，使大量的遠距離電臺得以建立。1916年，他覺察到較短的波長可能有種種優點，即允許在天線周圍使用反射器，因而減少敵方截聽的可能性，並且還能增大信號強度。他完成了試驗，發射機功率增大了一百倍。隨著定向天線系統的使用，將能量集中到所需要的方向，開始了短波無線電通信的發展，從而奠定了幾乎所有現代遠距離無線電通信的基礎。因他對發展無線電報技術的貢獻，獲得1909年諾貝爾物理獎金；1919年他作為全權代表出席巴黎和平大會；1930年被選為義大利皇家學院院長。馬可尼於1937年7月20日在羅馬逝世，義大利政府為他舉行了國葬。

【5,000里拉正面】

◎貝里尼(Vincenzo Bellini, 1801-1835)

貝里尼是義大利歌劇作曲家，亦是威尼斯繪畫派的創立人，並使威尼斯成為文藝復興後期的中心。他把寫實主義提升到新的境界，他創新了許多題材，帶給大眾新的感受，在作品中充滿了樂觀主義的色彩。代表作有歌劇《海盜》、《諾爾瑪》等。背景為古羅馬的圓形劇場。

【5,000里拉反面】

◎歌劇家貝里尼在世時，就已預見歌劇《諾爾瑪》(Norma)的偉大，這齣完全寫給女主角諾瑪來發揮、歌頌女性偉大情操的歌劇，從1831年首演至今，幾乎始終未在歌劇舞臺上缺席。儘管同時代許多類似的歌劇都已為人遺忘，此劇強烈對比的戲劇效果，還是吸引著每一代最優秀的女高音前去挑戰。

【10,000里拉正面】

◎亞歷山德羅‧伏特(Alessandro Volta, 1745-1827)

伏特出生於義大利一個高貴家庭，是電池的發明人。伏特以他的推理和電池的試驗證明動物的纖維或體液不是導電的必要條件。1800年，他創造了第一個電池，以一系列金屬磁碟（銅片和鋅片，用導線連接），以酸或鹽水浸泡的紙板將磁碟分開，這種裝置產生極大電壓，這是所有現代製造電池的基礎，並且是極重要的科學發現，因為是第一個產生電流的方法（見鈔票左側）。

【10,000里拉反面】

◎位於科莫市(Como)的伏特陵墓(Tempio Voltiano)。1881年以後，伏特的名字，更成為日常所用的電壓單位。

【50,000里拉正面】
◎喬凡尼・洛倫佐・貝尼尼(Giovanni Lorenzo Bernini, 1598-1680)
喬凡尼・洛倫佐・貝尼尼是義大利的雕刻家兼建築師。鈔票上為其自畫像，左側為羅馬貝尼尼廣場半人半魚海神噴泉(Triton Fountain)。他是那時代傑出的、具有多方才能的藝術家。正是由於這些人的努力，才使得義大利在長達三世紀的時間裡，一直成為西方世界之光。貝尼尼可謂多才多藝。他能文善畫，頗具文藝復興時代的遺風，多少作品名聞遐邇，令人嘆為觀止。他給予那個時代的影響，在歷史上是無人能與之匹敵的。

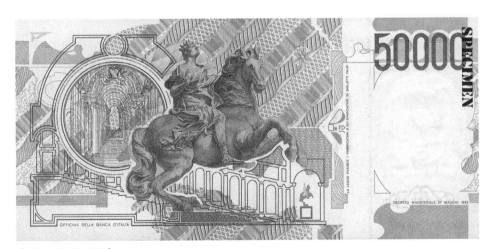

【50,000里拉反面】
◎君士坦丁大帝騎馬像(Equestrian Statue of Constantine)
貝尼尼的雕塑作品。貝尼尼塑造的人物總是處於激烈的運動中。大理石在他手中好像已失去了重量，人物的衣服總是隨風輕輕飄起，給人以一種輕快、活潑和不安的感覺。從其作品中，我們還能看到古典主義傳統對他的影響。
◎騎馬像右下側是梵蒂岡階梯剖視圖。巧妙利用階梯寬度、坡度和光線變化，營造景深、神聖的感受。

【100,000里拉正面】
◎卡拉瓦喬(Caravaggio, 1571-1610)

卡拉瓦喬是十七世紀初巴洛克畫家。他摒棄了理想化的藝術模式，著眼於表現人，認為生活即是戲劇。其作品富有強烈的戲劇性、真實性、感情色彩和鮮明的個性。十一歲到米蘭畫家西蒙‧彼得扎諾的門下習藝四年。1588年至1592年間到羅馬，繪畫技巧已相當熟練，發展了一種近似再現自然的風格。卡拉瓦喬繪製過不下四十幅作品，其中有不少早期的傑作，如〈音樂師〉、〈彈琴者〉、〈方濟各的大喜悅〉、〈年輕的巴庫斯〉、〈女卜者〉、〈逃亡埃及途中的休息〉、〈泉邊的那喀索斯〉、〈瑪格達麗娜〉、〈以撒的犧牲〉和〈水果籃〉等。這些作品富有革新精神，所表現的大都是日常生活中的事物。鈔票人物左側為其名畫〈女卜者〉，現珍藏於巴黎羅浮宮。

【100,000里拉反面】
◎卡拉瓦喬畫作〈水果籃〉

現珍藏於米蘭的安教羅齊安娜圖書館。卡拉瓦喬是歐洲靜物繪畫的先驅，他的絕大部分作品都是人物畫，但留下一幅唯一的「靜物畫」──〈水果籃〉，畫幅上呈現的水果，真可媲美現代的水果罐頭廣告畫。他吸收了細密畫中的某些處理手法，加上義大利節奏感與壯麗，創作的繪畫技法即使在今天也難有人企及（很少有人客觀到把枯葉和蟲眼都畫上去）。卡拉瓦喬的風格對十七世紀以後的現實主義產生了重大影響。

【500,000里拉正面】

◎文藝復興三傑之一的拉斐爾(Raphaek Sanzio, 1483-1520)自畫像，左側為作品〈伽拉提亞女神的凱旋〉(The Triumph of Galatea)，這幅畫描繪海豚牽引巨大螺殼，其上坐著伽拉提亞女神乘風破浪，顯示平衡、合諧及完美。

【500,000里拉反面】

◎拉斐爾代表作〈雅典學院〉(The School of Athens，濕壁畫，488CM×770CM)，原圖有各時代的56位哲學家、神學家、藝術家及科學家，安排在同一畫面，運用線條安排，在平面產生三度空間的立體視覺效果，現珍藏在梵蒂岡使徒宮。

一鈔一世界　義大利是文藝復興發源地、世界藝文中心，充滿浪漫氣氛。義大利紙鈔自早以來都是歷史上著名的藝術家、教育家、科學家，題材資源非常豐富，為世人熟悉。義大利紙鈔設計簡潔，色彩明快，用紙考究，淡雅柔和，義大利里拉自2012年元旦徹底作廢。

馬其頓 金色太陽
Macedonia

⑤ ⑩ 50 100

面積：2.6萬平方公里
人口：210萬人
首都：史高比耶(Skopje)
現行貨幣：代納爾(Denar)
1歐元≒61.5代納爾
主要產業：菸草、葡萄酒、機械
馬其頓印象：曾與臺灣建交、亞歷山大大帝、歐利湖、罌粟花

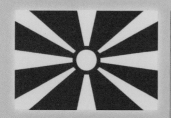

太陽旗象徵著「全世界的民族同在一個太陽普照之下」，源自亞歷山大大帝的圖騰。十六道黃紅光芒的太陽，代表永恆和光榮。

馬其頓是一個山地內陸國，前南斯拉夫聯邦最窮的一國，擁有鐵、鋅、鋁資源及森林、水利，但工業不振，失業率甚高。

【10代納爾正面】
◎孔雀
此圖案是用馬賽克式花樣鑲嵌細工來拼成的樹枝、雄孔雀及鴨子，這個圖案是來自西元五世紀古城Stobi主教會堂裡的洗禮池地板圖案。孔雀則是代表天國的鳥類。

【10代納爾反面】
◎Izida女神
西元前三世紀埃及的女神Izida琥珀雕像，是琥珀色的雪花石膏創作而成，一體成形。Izida女神是來自陰間的統治者，在馬其頓人眼裡是受苦受難人的安慰者，她能使狂風恢復寧靜安詳，現珍藏於馬其頓考古博物館。左側為金耳杯(Gold earing)，西元前四世紀作品。

【50代納爾正面】

◎天使長加百列(Archangel Gabriel)

加百列在伊斯蘭教和基督教舊約中,和米迦爾同是大天使。《舊約聖經》中曾提及加百列坐於神的左側,似是暗示其為女性天使。加百列身負一百四十對羽翼,在猶太教和基督教俱為與生命過程相關的天使。因其常為人托夢,又被視為「夢」的天使。加百列的事蹟包括為耶穌的受胎、復活和誕生等報訊。此畫像為馬其頓普雷斯帕(Prespa)湖區建於十三世紀的聖‧喬治(St. George)教堂裡的天使畫像。

【50代納爾反面】

◎中間一枚是拜占庭統治時期所使用的銅幣,現珍藏於馬其頓博物館。銅幣之上為聖‧龐特爾雷蒙(St. Pantheleimon)教堂內的裝飾圖案。

【100代納爾正面】
◎史高比耶(Skopje)
十八世紀首都史高比耶的風景（當時為土耳其統治）。史高比耶占國家人口的四分之一，是馬其頓的政治、文化、經濟和學術中心。本版畫係荷蘭畫家Jacobus Harevin於1594年創作。

【100代納爾反面】
◎此圖是位於Debar鎮上巴洛克藝術風格木製天花板頂蓬，過去富有家庭經常用玫瑰花飾來裝飾房子的天花板與木雕。巴洛克(Baroque)通常指西元1600年至1750年之間的歐洲藝術，充滿華麗雄偉。緊接其後的洛可可，一脈相承，但相對比較陰柔。

【200代納爾正面】
◎花葉幾何圖案。

【200代納爾反面】
◎古代的雕刻──兩位持矛的武士。

【500代納爾正面】
◎罌粟(Papaveraceae)
罌粟原產地在南歐及西亞，茄科草本植物，原為觀賞花卉，其果中的乳汁被晒乾後，有鎮痛止咳和止瀉等作用，1835年時有其正當醫學用途，曾帶給馬其頓五十年的製藥盛世，但後來人們發現大量服用會出現飄飄然的感覺，稱之為「鴉片」，常常服用會上癮，才淪為毒品。

【500代納爾反面】
◎黃金面具
西元前六世紀時，死後陪葬的黃金面具(Golden death mask)，1912年在歷史名城奧赫里德市(Ohrid)的Trebenista 出土的遺物。

【1,000代納爾正面】
◎馬其頓聖‧索菲亞教堂(Church of St. Sophia)
聖‧索菲亞教堂建於十至十一世紀，這座教堂位於馬其頓南部奧赫里德(Ohrid)，內有許多中世紀的無價壁畫。聖‧索菲亞教堂內的壁畫已有八百多年歷史，這些壁畫向人們訴說著早已逝去時代的情況。
◎鈔票右側有黃金做的鴿子及耳環，現珍藏於馬其頓考古博物館。

【1,000代納爾反面】
◎聖母瑪麗亞(Episkepsis)
位於馬其頓南部奧赫里德(Ohrid)的St. Vrachi教堂裡面聖母瑪麗亞的圖像壁畫。左方伴隨著基督幼年的畫像。

【2,000代納爾正面】

◎圓圖內有兩隻孔雀，代表天國之鳥；圓圖外圍是東方正教的裝飾品，並有珠光條紋及星象圖。

【2,000代納爾反面】

◎穿著馬其頓新娘服飾的女人。

【5,000代納爾正面】
◎位於赫拉克萊拉(Heraklea)的巴西利卡(Basilica)式建築中的地面馬賽克拼花圖案──〈拴在無花果樹上的狗〉。

【5,000代納爾反面】
◎泰托沃的酒神女祭司(Maenad of Tetovo)青銅塑像
西元前六世紀，在一個富有人家的墓穴中發掘了Tetovo。這項歷史學的發現，代表遠古時代的馬其頓就有藝術的表達形式。

一鈔
一世界

馬其頓國家鈔票正面放上了首都──史高比耶，還有原產地在歐洲的罌粟（鴉片），特別的是放上了教堂、天使長加百列，以及天堂的鳥類──孔雀，在鈔票背面也放上了聖母瑪麗亞，為馬其頓添加了一股宗教神祕氣息。200及2,000代納爾在2017年才新加入。
這套鈔票的正面與反面都有三角形圖案，在基督教世界稱之「三位一體」，透光觀察，完全吻合，是一用心良苦的設計。

馬爾他 甜蜜之地
Malta

面積：316平方公里
人口：42萬人
首都：瓦勒他(Valletta)
現行貨幣：歐元(Euro)
原使用貨幣：馬爾他里拉(Lira)
1歐元≒0.4293馬爾他里拉
主要產業：鮪魚、編織布料、電子產品、肉類
馬爾他印象：美蘇廢核簽約地、地中海心臟、小國寡民

紅色象徵愛國及犧牲，白色代表純潔與正義。國旗左上角的聖喬治十字勳章，為二戰後的英國頒予馬爾他，做永恆紀念。馬爾他也是大英國協成員。

　　馬爾他是一個小島國，面積僅316平方公里，介於北非利比亞與義大利西西里島之間，又稱地中海心臟。2004年加入歐盟，資源缺乏，糧食仰賴進口，工廠的規模很小，目前希望發展境外金融市場。前美國老布希總統與蘇俄戈巴契夫總統在此簽署廢止核武協定。

【2馬爾他里拉正面】

◎和平天使(Angels of Peace)手持船舵的馬爾他女神，象徵對自己命運之掌控

在《聖經》上記載天主無中生有創造天使，擔任天主的使者及僕役，向人類傳達天主的命令，保護並照顧人類。由於人類不斷戰爭、同類相殘，和平天使為人類所做所為哭泣。和平天使是馬爾他的標誌。左上角的圖案代表中央銀行。左下角有和平鴿，表示人民對和平之嚮往。

【2馬爾他里拉反面】

◎Ta'L-Imdina（右）及Ta'Ghandex（左）兩座古老銀行，現在成為具有歷史意義的建築。

【5馬爾他里拉正面】

◎和平天使(Angels of Peace)，詳見【2馬爾他里拉正面】説明。

【5馬爾他里拉反面】

◎瓦勒他古城建立於西元1566年，是馬爾他古都，地處馬爾他格蘭德港和馬爾薩姆特灣之間的海峽上，被分割成兩個防守嚴密的海軍天然良港，有其特殊的地理位置，是許多重要海上路線的樞紐，陸上與海上的要塞，素有「地中海的心臟」之稱。

【10馬爾他里拉正面】
◎和平天使(Angels of Peace)。

【10馬爾他里拉反面】
◎1919年6月7日由於經濟衰退，失業嚴重，馬爾他（當時為英國殖民地）群眾反抗英國政府，動亂中有多人犧牲，因此立碑紀念。

【20馬爾他里拉正面】
◎和平天使(Angels of Peace)。

【20馬爾他里拉反面】
◎喬治‧博格‧奧利維爾(Giorgio Borg Olivier, 1911-1980)
1950年，博格‧奧利維爾博士擔任教育部長職位，1962年2月競選擔任總理，承擔了經濟規劃和財務的重任。1963年7月13日帶領政府代表團在馬爾他獨立會議中，宣布馬爾他獨立，之後有一系列與英國政府的談判，以及為馬爾他獨立後的憲法做準備，經由議會支持和人民的批准，公民投票被選為獨立後之總理，定9月21日為馬爾他的獨立日。鈔票畫面上手執兩國簽署之協定。左邊圖案為士兵降下英國國旗，升上馬爾他國旗。

一鈔
一世界

馬爾他在鈔票正面都放上和平天使，或許跟他們因重要地理位置，常引起戰爭有關。在鈔票背面則放上了最有名的古城——瓦勒他及喬治‧博格‧奧利維爾博士，這位對馬爾他獨立很有貢獻的人物。馬爾他里拉曾是高單價貨幣（1歐元＝0.43里拉），紙幣印刷中規中矩，品質中等，自2008年1月18日徹底作廢。

葡萄牙 軟木王國
Portugal

⑤ ⑩ 50 100

面積：9.2萬平方公里

人口：1,030.4萬人

首都：里斯本(Lisbon)

現行貨幣：歐元(Euro)

原使用貨幣：埃斯庫多(Escudos)

1歐元≒200.482葡萄牙埃斯庫多

主要產業：服飾、軟木、汽車工業、葡萄酒、農漁業、手工藝品

葡萄牙印象：葡國菜、迪亞士、達伽瑪、麥哲倫、地中海氣候、海上帝國、葡萄酒、海外移工、南歐四豬

紅色代表英雄的鮮血，綠色象徵希望和誠實，金色的渾天儀表示葡人航海冒險的精神，白色盾徽中的五枚藍盾代表葡人打敗摩爾人所建立的五個王國。

葡萄牙航海家達伽瑪發現新航路，改變人類的世界觀，也開啟葡萄牙的黃金時段，曾與西班牙雙雄稱霸全世界。

現在的葡萄牙以農、漁業為主，以葡萄、軟木、鱈魚著稱，工業不發達，是歐洲人口外移最多的國家，與過去黃金歲月有天壤之別！

【500埃斯庫多正面】

◎若昂・巴羅斯(João de Barros, 1496-1570)

巴羅斯是葡萄牙人文主義者、歷史學家，有葡萄牙的李維之稱，早年寫騎士小說《賢帝年代記》(1520)，後在國王曼努埃爾一世的鼓勵下，以葡萄牙人在亞洲的活動為題材，寫作《亞洲十年史》(1552)，另著有《葡萄牙語語法》等。1522年被約翰三世派往幾內亞，回國後不久，任財務長官(1525-1528)，後又去印度擔任葡萄牙國王駐殖民地的代表(1533-1567)。中間背景是葡萄牙標誌的歐亞非地圖，其旁站立兩位天使，代表葡萄牙的崛起。

【500埃斯庫多反面】

◎巴羅斯1560年出版的《印度見聞錄》，記載包括他到達時間地點、所見所聞的事蹟，對葡萄牙海外殖民影響甚大。

【1,000埃斯庫多正面】

◎佩德羅・阿爾瓦雷斯・卡布拉爾(Pedro Alvares Cabral, 1467-1520)

卡布拉爾是葡萄牙最早的航海家之一，原計畫前往印度，因偏離航道意外，於1500年4月22日發現巴西南海岸，2000年巴西出了一張發現巴西五百週年紀念日鈔。卡布拉爾出生在世代為葡萄牙國王效勞的貴族家庭，1500年被國王曼努埃爾一世任命為第二次印度遠征隊司令，3月9日自里斯本率十三艘船艦出航，4月22日發現一處陸地，命名為「真十字島」，後來才知不是一個島，而是南美洲一部分，因此被葡萄牙國王重新命名為「神聖十字」，最後才以可提煉紅色原料（當時歐洲最風行的服飾顏色）的樹──「巴西」命名。中間背景是一枚代表巴西的徽章。

【1,000埃斯庫多反面】

◎卡布拉爾航行之帆船，在航程中意外發現了巴西。

◎左側背景為巴西之野生動物。

【2,000埃斯庫多正面】

◎巴爾托洛梅烏‧狄亞斯(Bartolomeu Dias, 1450-1500)

狄亞斯於1487年離開葡萄牙，成為繞過非洲最南端好望角(Cape of Hope)的第一人。他被暴風吹到好望角以南，等他發覺已看不到陸地時，便下令轉向北航行，結果繞過好望角，在非洲東岸登陸。十年後達伽馬(Vasco da Gama)追隨狄亞斯的航蹤，他一路航過非洲東岸，橫越印度洋來到印度，為香料貿易打開了新航路。中間背景有一枚當年硬幣及航海儀。

【2,000埃斯庫多反面】

◎葡萄牙艦隊

葡萄牙雖為彈丸之地，卻在人類文明史上占據著重要地位。它的強盛源於十五世紀，強大的葡萄牙艦隊縱橫四海，掠地無數，成為名副其實的「海上霸主」。

◎左側背景為羅盤及地圖。

【5,000埃斯庫多正面】
◎瓦斯科・達伽馬(Vasco da Gama, 1469-1524)
達伽馬是十五世紀末至十六世紀初的葡萄牙航海家，由歐洲繞好望角到印度的海路開拓者。
1492年，葡萄牙國王命令他在海上攔截法國船隻，以報復法國對葡萄牙船隻的劫掠，他出色地
完成任務。國王約翰派遣他率領船隊開闢通往亞洲的海路，1497年7月8日，他率領船隊由里斯
本出發，繞過好望角，次年4月到達今之肯亞，然後穿過印度洋，於5月20日到達印度南部大商
港卡利卡特。此一新航路之發現，使葡萄牙在十六世紀掌控歐洲到印度間的貿易，成為強盛國
度，間接造成歐洲列強到非亞殖民。

【5,000埃斯庫多反面】
達伽馬於1497年啟航，率領四艘船隻，共一百七十多名船員，其中包括會講阿拉伯語的翻譯。
探險隊最初向佛德角群島航進，之後達伽馬沒有沿著狄亞斯航行過的非洲海岸線，而是向大西洋
遠航，航線幾乎是直線向南，他向南行進了很長一段路線後朝東轉去，到達好望角。這是一條優
選的航線，比沿海岸下行快速，但是更需要拼搏精神和高超精湛的航海技術。
◎達伽馬有三次出航印度，最後病死於印度的柯欽(Kochi)。左側背景是達迦馬與印度加爾各答
(Calcutta)的地方官吏會談的油畫。

【10,000埃斯庫多正面】

◎亨利王子(Dom Henrique, 1394-1460)

亨利王子是葡萄牙天文臺及地理發現的宏偉事業開拓者和組織者。他先在薩格雷斯(Sagres)建立了一所航海學校及天文臺，傳播最新航海知識，聚集了一群出色的海員，在他的有效組織下，使葡萄牙集中了當時世界帆船航海的全部成果，具備了南下大西洋探險的基本條件。此外，亨利王子特別強調航海實踐，領導了一系列海上探險活動，越走越遠，發現了非洲黃金海岸（今稱迦納）。他過世後，其他航海家繼承遺志，抵達了好望角及印度。中間背景是羅盤、六分儀、航海圖等航海工具。

【10,000埃斯庫多反面】

◎葡萄牙三角帆船

十五世紀前的二百年間，地中海區域國家興起，商業繁盛，連接地中海與北大西洋的海上航線上出現了新的城市群，而地中海進入大西洋航線首當其衝的葡萄牙首都里斯本日漸繁盛。1400年開始發展造船業，熱衷於海上貿易，但仍無法與控制地中海仲介貿易的威尼斯相抗衡。由於地圖的普及，歐洲人希望南下大西洋東航，以尋找新的財源，當時英、法、西班牙正處於北大西洋的百年爭霸時期，長年戰爭使這些國家財力消耗過大，於是造就了葡萄牙進行獨家海上探險的大好時機。左側背景是東、西半球，曾與西班牙「二分」天下。

一鈔一世界　末代葡萄牙紙鈔主題是「探索與發現」，正面主要人物為最輝煌時代的航海英雄，背面呈現探險歷史及古代船隻，十分精美，整體設計古樸華麗，自2002年走進歷史，徹底作廢。

塞爾維亞 溫泉勝地
Serbia

⑤ ⑩ 50 100

面積：7.7萬平方公里
人口：701萬人
首都：貝爾格勒(Belgrade)
現行貨幣：第納爾(Dinar)
1歐元≒1.96第納爾
主要產業：橡膠製品、菸草、鞋類、水泥、肉類、水果、紡織
塞爾維亞印象：火藥庫、狄托、分裂七國、南斯拉夫繼承者、國際制裁

藍、白、紅三色為斯拉夫民族的色彩，俄國國旗的三色便成為斯拉夫民族的代表色。藍色代表蔚藍的天空，白色是對和平生活的響往，紅色象徵革命所流的鮮血。

塞爾維亞以前是南斯拉夫聯邦。1991年發生內戰，聯邦中斯洛維尼亞、克羅埃西亞、赫塞哥維納及馬其頓獨立。2002年南斯拉夫改名「塞爾維亞及蒙特內哥羅」，久經戰亂，經濟失控，國勢大不如前，曾發行五千億之巨鈔。2006年6月3日蒙特內哥羅獨立，與塞爾維亞分立兩國。

舊南斯拉夫有七個加盟國，現紛紛獨立，科索沃問題仍困擾塞爾維亞。（科索沃有100多個國家承認，但入聯合國被常任理事國否決）

【10第納爾正面】
◎語言學家卡拉季奇(Vuk Steranovic Karadzic, 1787-1864)
卡拉季奇改革了塞爾維亞人的語言並將其規範化，除了使塞爾維亞語言現代化以外，還加速普及化。今日才能廣泛在塞爾維亞、蒙特內哥羅、波士尼亞及赫塞哥維納、克羅埃西亞等地使用。除語言改革之外，卡拉季奇對民間文學的貢獻極大，替農民文化打下良好基礎。他嚴密聯繫農民口頭文學，編寫民歌、傳說和諺語，並蒐集了許多民間散文和詩歌，包括一百首抒情和史詩歌曲。右上背景是他的寫作工具，包括眼鏡、筆、書。右下的文字是卡拉季奇創建的字母。

【10第納爾反面】
◎卡拉季奇老年時期的坐像
背景人物是1848年在捷克首都布拉格首次召開斯拉夫會議的代表。

【20第納爾正面】

◎王子主教彼得二世・彼得洛維奇・恩傑戈斯(Petar II Petrovic Njegoš, 1813-1851)

彼得二世是塞爾維亞正統王子主教和統治者，但是他最著名的身分則是詩人。彼得二世對教育有很大的貢獻，1834年創辦小學。

【20第納爾反面】

◎彼得二世・彼得洛維奇・恩傑戈斯的陵墓雕像。右側背景是洛夫琴山。

【50第納爾正面】

◎音樂家莫克蘭亞茨(Stevan Stojanovic Mokranjac, 1856-1914)

莫克蘭亞茨出生在Mokranje村莊，從小深受自然科學和數學教育，後來在Münich和羅馬學音樂，1884年回到塞爾維亞成為貝爾格勒的唱詩班指揮，1885年再度到德國繼續研讀音樂，也開始在貝爾格勒體育館教音樂。1901年，他轉到貝爾格勒神學院教學生唱歌，並創立第一所音樂學校，擔任學校主任一職，直到過世為止。背景是他主彈的鋼琴鍵盤。

【50第納爾反面】

◎內格廷博物館珍藏的莫克蘭亞茨全身像。右側背景有其樂譜手稿。

【100第納爾正面】
◎發明家特斯拉(Nikola Tesla, 1856-1943)是塞爾維亞裔的美國科學家

特斯拉是偉大的發明家、物理學家兼機械工程師,他早期的理論是現在交流電系統(AC)的依據。
此外,他還創立了許多物理理論,包含在不同領域的機器人學、彈道學、電腦科學、核物理等。
科學界公認的兩位曠世奇才,一位是達文西,另一位就是特斯拉。這兩個不同時代的天才都是素
食主義者,特斯拉認為飼養動物作為人類食物是錯誤的,植物性飲食能讓人擺脫因肉食養成的野
蠻習性,也比肉類更符合經濟效益。

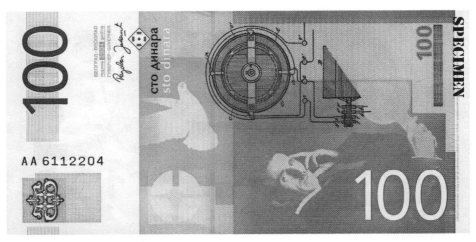

【100第納爾反面】
◎特斯拉立像與他發明的電磁感應電動機。

【200第納爾正面】

◎女性印象派畫家皮特洛維奇(Nadežda Petrovic, 1873-1915)

1891年皮特洛維奇完成高等教育婦女學校的學業，並開始學習藝術，1900年在貝爾格勒開始展覽畫作。她的貢獻是在南斯拉夫組織第一個藝術展覽，接著在盧布亞納、巴黎、薩格勒布和羅馬陳列了她的作品。1914年，皮特洛維奇在第一次世界大戰志願擔任護士，但隔年死於腸熱病。在塞爾維亞鈔票中，這是第一次以婦女為主要人物。

◎背景是其紀念雕塑及畫筆。

【200第納爾反面】

◎位於科索沃的世界文化遺產——格拉喀尼察修道院(Gracanica Monastery)，是中世紀珍貴古蹟，館內藏有其側面像。此處是畫家皮特洛維奇主要靈感來源之地。

【500第納爾正面】

◎皇家貝爾格勒大學科學院院長約萬・斯維瓊(Jovan Cvijic, 1865-1927)

斯維瓊是南斯拉夫岩溶研究的先驅，一生致力於研究地理和地質。他的專論引起歐洲科學界的正面回應，他並根據巴爾幹半島的地質結構和分類，出版了第一部南部斯拉夫語的構造地質學專著。1893年，他創辦了地理學院。1905年，他創辦了貝爾格勒大學並擔任校長。

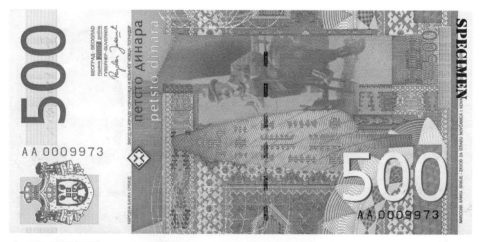

【500第納爾反面】

◎斯維瓊坐像，背景為民族風格的圖案。

【1,000第納爾正面】

◎喬治‧魏福斯 (Dorde Vajfert, 1850-1937)。他是位實業家，經營過啤酒廠，擔任兩次的國家銀行行長。

◎右上背景是Vajfert的啤酒釀造廠。右下為聖喬治屠龍圖。

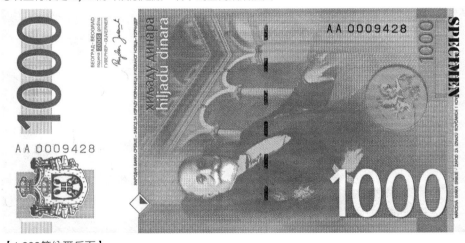

【1,000第納爾反面】

◎Vajfert坐像。

◎背景是國家銀行主建築內部景觀。

【2,000第納爾正面】

◎數學家、地理物質學家、天文學家，米盧廷·米蘭科維奇(Milutin Milankovic, 1879-1958)
右側背景是他在辦公桌上計算。

【2,000第納爾反面】

◎米蘭科維奇一生成就之展示——發表米蘭科維奇循環、指出太陽系各行星氣候特徵、解釋地球
氣候變遷是因為地球與太陽相對位置的變化。背景是程式化的太陽圖鑑，拉伸片段撞擊坑的工
作。

【5,000第納爾正面】
◎法學家、史學家斯洛博丹‧約瓦諾維奇(Slobodan Jovanovic, 1869-1958)，也是憲法權威
約瓦諾維奇曾擔任南斯拉夫第19任的總理，在第二次世界大戰時遭到流放。右側背景是科學與
藝術結合的雕塑。

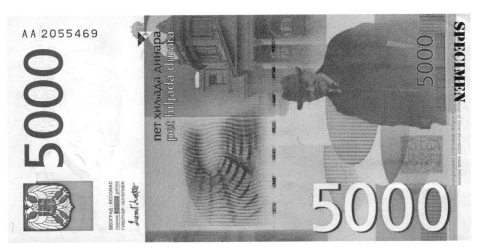

【5,000第納爾反面】
◎約瓦諾維奇半身像。
背景為聯邦議會大廈外觀及內部坐席。

一鈔
一世界

與其他大多數東歐國家一樣，塞爾維亞鈔票正反面擁有一樣的故事
背景，但不同於他國的是，大部分國家的鈔票都是橫式設計，塞國
卻顛覆一般模式，反面改以直立式圖樣放置。

斯洛維尼亞 歐洲綠寶
Slovenia

⑤ ⑩ 50 100

面積：2.0萬平方公里
人口：206.9萬人
首都：盧比安納(Ljubljana)
現行貨幣：歐元(Euro)
原使用貨幣：斯洛維尼亞托拉爾(Tolar)
1歐元≒239.64托拉爾
主要產業：服飾、藥品、木材製品、滑雪用具、旅遊業
斯洛維尼亞印象：喀斯特地形、好山好水

國旗也是採取白、藍、紅斯拉夫民族三顏色。白色表示對和平的嚮往；藍色代表斯洛維尼亞人如大海般的胸襟，紅色象徵爭取獨立的勇氣。

在國徽上有座斯洛維尼亞的最高山，其上三顆星，象徵獨立自由。在前南斯拉夫各國中，斯洛維尼亞生活水準較高，民族性也冷靜機巧，被喻南斯拉夫的明珠。

斯洛維尼亞過去受奧匈帝國統治，第一次世界大戰後併入南斯拉夫，至1991年宣布獨立。它有美麗的港口、海岸線及特殊石灰岩地層，洞穴稱之「喀斯特地形」，帶來興盛旅遊業。

【10托拉爾正面】

◎普里莫斯‧特魯巴爾(Primož Trubar, 1508-1586)

普里莫斯‧特魯巴爾是斯洛維尼亞新教徒改革者、創建者，也是斯洛維尼亞新教徒教會的第一位管理者，以及第一個使用斯洛維尼亞語出版書籍的作者，被譽為斯洛維尼亞文學之父。

◎左側是鵝毛筆，在中世紀歐洲風行一時，在許多經典之作留下不朽墨蹟。

【10托拉爾反面】

◎烏蘇拉三一教堂 (Ursuline Church of the Holy Trinity)

三一教堂在1726年由建築師Carlo Marinuzzig設計建造，位於首都盧比安納(Ljubljana)，是座美麗的巴洛克式建築。

【20托拉爾正面】

◎男爵雅奈茲(Janez Vajkard Valvasor, 1641-1693)

雅奈茲是Carniolian貴族和地理學者，也是皇家社會的成員。為擴展視野，橫跨歐洲旅遊，旅途持續了將近十四年之久，甚至到達北非。他完成了國家第一張地圖，鈔票左側有其所繪地圖，係用地形學方法繪製，對當時的斯洛維尼亞有深刻描述。

【20托拉爾反面】

◎《斯洛維尼亞公國的榮耀》(The Glory of the Duchy of Carniola)

《斯洛維尼亞公國的榮耀》於1689年出版，內容分成十五個部分，是一本自然歷史的百科全書，說明五百二十八個銅板刻印及斯洛維尼亞風俗、民間傳說、歷史，成為當地的重要著作。

【50托拉爾正面】

◎數學家、物理學家維加(Jurij Bartolomej Vega, 1754-1802)

維加從小就是天才兒童，十九歲成為航行工程師，擁有厲害的演算能力。許多關於物理的問題都難不倒他，在數學方面更是有成就，尤其是對數及三角函數。他出版了一系列數學運算的相關書籍，將過去錯誤的演算方式重新計算並解釋，這些舉動造成世界各國學者的關注，被大眾廣泛地討論。鈔票左側是維加於1789年推出圓周率計算至小數一百四十位數所應用的方法，其中一百三十七個是正確的，這個世界記錄維持了長達五十年。

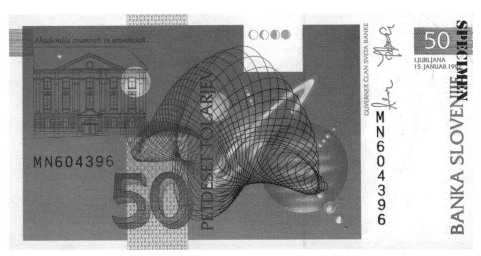

【50托拉爾反面】

◎左側背景是斯洛維尼亞科學和藝術學院(Aademija Zanosti)，簡稱SASA，成立於1938年，在科學和藝術兩個專業領域擁有卓越成就。右側是幾何學與天文學的邏輯推理。

【100托拉爾正面】
◎斯洛維尼亞畫家雅科皮奇(Rihard Jakopic, 1869-1943)
雅科皮奇是個印象派畫家，崇尚大自然，建立印象主義的藝術。左側為他的彩筆和調色盤。

【100托拉爾反面】
◎右邊是位於首都盧比安納的雅科皮奇閣(Jakopicev Paviljon)的設計圖，這棟建築物是紀念雅科
皮奇的地方，左側係雅科皮奇油畫作品〈太陽〉(The Sun)的局部細節，印象派畫家提倡戶外寫
生，直接用眼睛觀察、心靈感受色彩和光線微妙變化。

【200托拉爾正面】

◎作曲家雅戈‧伽洛斯(Jacobus Gallus, 1550-1591)

雅戈‧伽洛斯年輕時在修道院裡接受教育，因此受教會的影響極深遠。在橫跨奧地利、波希米亞、摩拉維亞和西里西亞的這段旅途中，他為當地許多教堂服務，並創作戲劇來負擔傳教士禮拜儀式所需要的收藏品。

【200托拉爾反面】

◎左側背景是Slovenska Filharmonija音樂廳，右側是伽洛斯所作的交響樂譜。

【500托拉爾正面】
◎著名建築師普列切尼克(Jože Plečnik, 1872-1957)
普列切尼克是歐洲現代派建築學的先驅之一，風格為前衛派維也納式風格，以古典主義為根基。
他的作品包括在布拉格設計Hradcany城堡。從布拉格回來之後，普列切尼克開始在盧比安納致
力於都市計畫和建築學。他的作品因在巴黎陳列而被世界各國談論，成為傑出的藝術家。
◎左側圖是圓規。

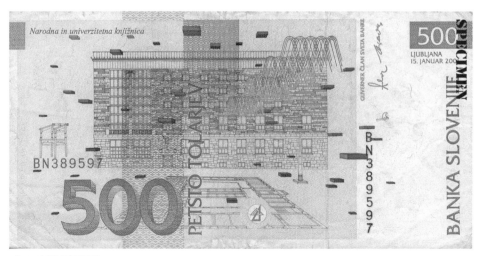

【500托拉爾反面】
◎斯洛維尼亞國家圖書館是斯洛維尼亞主要的建築物，位於首都盧比安納，是由普列切尼克設
計，在1927至1941年建造完成。

【1,000托拉爾正面】

◎斯洛維尼亞詩人弗蘭策‧普列舍仁(France Prešeren, 1800-1849)

弗蘭策‧普列舍仁的詩歌熱烈真摯，感情強烈，使他成為斯洛維尼亞浪漫主義流派的代表人物，不僅在國內受到讚譽，並在歐洲文學發展史上占有一席之地。他創作了最著名的作品《十四行詩集》(Sonetni Venec)，作品中充滿了甜蜜與苦澀交織的激情。《十四行詩集》是以一種特別的形式寫成，即上一首詩的最後一句為下一首詩的第一句，全集十四首詩由此纏結成一個感情的「詩環」。

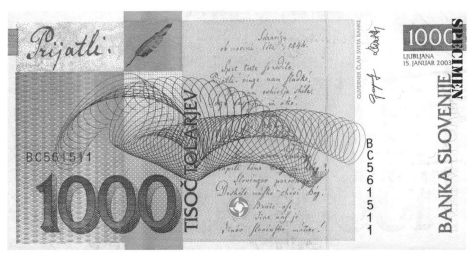

【1,000托拉爾反面】

◎鈔票正中間是普列舍仁的詩作〈祝福〉(Zdravljica)中第七節的手稿，自1991年以來被採用為新獨立的斯洛維尼亞國歌歌詞。

【5,000托拉爾正面】
◎現實主義者畫家伊萬娜・柯布里卡(Ivana Kobilca, 1861-1926)
伊萬娜・柯布里卡是最重要的斯洛維尼亞女性畫家，畫風深刻細膩，影響後來的斯洛維尼亞印
象主義畫家甚巨。從她的居住方式、理想和工作來看，是個標準的都市藝術家。她繪畫的黃金
時期於十九世紀80年代，最重要的作品大多為靜物畫，而主要的顏色多為黑暗的褐色，只有少
部分使用柔和的淡色彩和玫瑰色。1889年之後，她的繪畫風格開始轉變，用色較不灰暗，成為
典型的巴黎藝術。

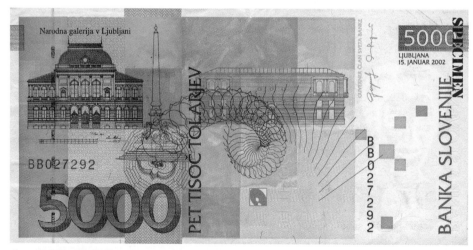

【5,000托拉爾反面】
◎斯洛維尼亞藝術美術館(Alarodna Galerija National Gallery)

【10,000托拉爾正面】
◎作家、編劇和詩人伊凡‧參卡爾(Ivan Cankar, 1876-1918)
伊凡‧參卡爾是斯洛維尼亞現代主義的主要人物，早期作品有象徵主義色彩，後期多為刻畫現實生活，最著名的作品是《長鄉人》、《在山崗上》及戲曲《Hlapci》。參卡爾提出解放南部斯拉夫人民的心願，使他漸漸活躍於政治界，成為社會主義民主人士黨的成員。中間上方是首都盧布亞納大劇院之設計草圖。

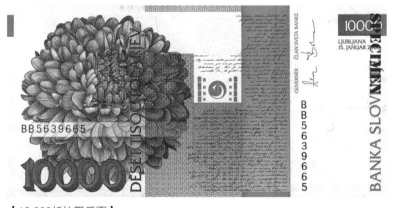

【10,000托拉爾反面】
◎菊花作為加入歐盟的紀念，右側為參卡爾的手稿。

一鈔
一世界

斯洛維尼亞是東歐經濟水準最佳國家，2007年1月1日起已使用歐元。在先前發行的鈔票正面都是斯洛維尼亞的重要歷史人物，而反面則是正面鈔票人物的著名作品，以及豐功偉業，從此可知斯國人才輩出，文化悠久。紙鈔設計風格比較簡潔，色塊區分非常明顯，鈔票上之人頭（除10,000托拉爾外）左側均有陰影，的確少見，有點畫蛇添足之感。其鈔票屬於永久保值，隨時可兌換。

西班牙 吉他之鄉
Spain

⑤ ⑩ 50 100

面積：50.6萬平方公里
人口：4,693萬人
首都：馬德里(Mardrid)
現行貨幣：歐元(Euro)
原使用貨幣：比塞塔(Peseta)
1歐元≒166.386比塞塔
主要產業：觀光、食品加工、汽車、漁業、冶鍊、化學、醫藥、蔬果
西班牙印象：橄欖、鬥牛、佛朗明哥舞、航海、哥倫布、聖家大教堂、無敵艦
　　　　　　隊、佛朗哥、唐吉訶德、南歐四豬、巴塞隆納、哥雅、畢卡索

西班牙的國旗又稱「血與金」國旗，也代表拉丁民族熱情的顏色，紅色是鮮血，黃色是國土。國徽上的皇冠象徵國王，中心盾徽的五個圖案代表昔日的五個王朝。盾徽兩旁的銀柱象徵守護的兩大石柱，捍衛國土。紅、黃兩色成為西班牙語系的代表色。

　　西班牙的哥倫布發現新大陸，麥哲倫環繞地球一周，在世界各地建立殖民地，「拉丁美洲」是最大文化移植區。西班牙旺盛的生命力，孕育傑出藝術家、音樂家及文學家。西班牙的橄欖、軟木、柑橘很有名，漁船、汽車也很發達。由於位處南歐，風和日麗，是旅遊的首選。

【1,000比塞塔正面】
◎荷南‧科爾蒂斯(Hernan Cortes, 1485-1547)
荷南‧科爾蒂斯先學習法律，後棄學從軍，謀略過人，為活躍在中南美洲的西班牙殖民者，1519年用武力及欺騙手段，摧毀阿茲特克古文明，電影《征服者》就是描寫這段歷史。他在墨西哥建立西班牙殖民地，並擔任總督，是極為著名之探險家。

【1,000比塞塔反面】
◎弗朗西斯科‧皮薩羅(Francisco Pizarro, 1476-1541)
皮薩羅的父親是上尉步兵，由他的母親照顧，但他的教育卻被忽略了，因此皮薩羅成了文盲。1502年前往新大陸，參加探險及殖民事業，1524年進入祕魯，大舉入侵印加帝國，用殘酷及背信手段，摧毀此國，確立西班牙在南美洲之統治。

【2,000比塞塔正面】
◎何塞‧塞萊斯蒂諾‧穆蒂斯(Jose Celestino Mutis, 1732-1808)
穆蒂斯是西班牙博物學家、醫師和數學家。他擁有富有的植物收藏，活躍地促進研究植物學、昆蟲學、醫學、礦物學、數學和天文學。

【2,000比塞塔反面】
◎皇家植物園(Real Jardin Botanico)，位於普拉多美術館之後，早期為皇家專屬花園，幅員廣大，現開放民眾休憩。

【5,000比塞塔正面】

◎克里斯多福‧哥倫布(Christopher Columbus, 1451-1506)

克里斯多福‧哥倫布為著名義大利航海家。為了破除當時瀰漫社會之天圓地方的思想，他開始向各國國王尋求協助，直到西元1492年才首度得到西班牙女王伊莎貝爾的資助，經過七十天艱苦航行，發現陸地（今巴哈馬群島），此後再三次西航。此行即為史上著名之「哥倫布發現新大陸」（美洲）。每年10月12日為哥倫布日，新大陸的發現使海外貿易重心由地中海移到大西洋，西班牙成了海上霸主，中南美洲除巴西外，幾乎全成為西班牙殖民地，哥倫布也成為名垂青史的大航海家。

【5,000比塞塔反面】

◎測量天體位置的渾天儀，對哥倫布之航海貢獻良多。

【10,000比塞塔正面】

◎胡安卡洛斯一世(Juan Carlos I, 1938-)

胡安卡洛斯一世出生於羅馬，為波旁王朝末代國王之後裔，強人佛朗哥元帥去世後，接任王位。胡安卡洛斯曾接受全面的軍事訓練，對內推動民主改革，1977年舉行普選。對外則與他國保持友好關係。西元1969年，西班牙議會批准胡安卡洛斯為未來國家元首，西元1975胡安卡洛斯即位為國家元首，王號為胡安卡洛斯一世。1962年與希臘公主索菲亞結婚，育有二女一子。

【10,000比塞塔反面】

◎喬治・胡安(Jorge Juan, 1713-1773)

喬治・胡安是西班牙數學家、科學家、海軍軍官和水手，是西班牙式的菁英全才。西班牙侯爵馬克斯德拉・恩塞納達(Marquess de la Ensenada)下令胡安到英國祕密地學習新海軍建構技術和軍備。1750年，他回到西班牙，負責西班牙海軍建築。直式鈔票的下方是他測量子午線長度，證明地球是橢圓球體。下方背景是他在美洲發現新的貴金屬──鉑金。改進造船廠及軍備，大幅度提升海軍實力。1757年創辦了西班牙全國天文學觀測所(Observatorio Astronomico Nacional de Espana)。

西班牙在鈔票正面幾乎都放上冒險家、科學家及現任國王。正面鈔票是橫式，而反面是直式，在歐洲紙鈔中，比較特殊。

紙鈔設計相當粗獷、陽剛、野性，底紋色彩淺而人像粗線條，是強烈對比，人像雕刻精緻，顯得十分大氣。西班牙的「比塞塔」是永遠保值貨幣。

第四篇 北歐
North Europe

- 北歐位居高緯度，冬寒而長，夏涼而短，多冰蝕地形，不利農業，轉而發展漁業及高科技，典型社會福利國家。

- 聯合國界定北歐有丹麥、芬蘭、冰島、挪威、瑞典及波羅的海三小國的愛沙尼亞、拉脫維亞、立陶宛。

- 丹麥及瑞典是歐盟國，有資格搭歐元頭班車，但對加入歐元區有所顧慮，仍未搭乘歐元列車。

- 芬蘭是北歐最早使用歐元的，2011年1月1日愛沙尼亞、2014年1月1日立陶宛、2015年1月1日拉脫維亞陸續開始使用歐元。

丹麥 童話故鄉
Denmark

⑤ ⑩ 50 100

面積：4.3萬平方公里(其屬地格陵蘭是世界最大島嶼)

人口：580萬人

首都：哥本哈根(Copenhagen)

現行貨幣：丹麥克朗(Danish Krona)

1歐元≒7.46丹麥克朗

主要產業：肉類、醫藥品、魚類、家具、製圖設備、服務

丹麥印象：風力發電、安徒生、啤酒、快樂之國、漁業、國民教育、樂高、高級音響、未婚生子、性博物館

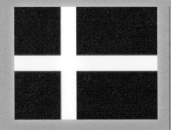

丹麥的國旗是世界上最早使用的國旗。1219年，丹麥國王華德馬爾二世和愛沙尼亞人苦戰時，奇蹟突然來臨，當時他張掛此旗作戰，勢如破竹，有如神助，大獲全勝，於是丹麥後來便一直使用這面旗。

早期丹麥（北歐其他國家也是）有自己的神祇信仰，十世紀以後受基督教影響，放棄多神教，從好戰的維京人，變成農牧、海事安居的民族，不再對鄰國掠奪。小朋友一談到丹麥，就聯想到安徒生童話。

丹麥有北海石油、有可觀的風力發電，並有發達的漁、牧業、生產業和服務業。生活水準甚高，人民素質備受肯定，也享有高品質福利，但其稅率相對也高。一直名列最快樂、最幸福的國家前幾名。

【50丹麥克朗正面】
◎薩林松大橋(Sallingsund Bridge)
它連結薩林半島(Halvoen Salling)和利姆約爾島(Limfjordsoen)，建於1978年，全長1,717公尺，高26公尺。丹麥是由日德蘭半島(Jutlan)與周邊島嶼組成的國家，國土狹小，而島嶼眾多，橋梁在交通上極為重要。

【50丹麥克朗反面】
◎1891年在日德蘭出土的斯卡薩琳(Skarpsalling)陶土容器，是在一墓室發現的，年代約在西元前3200年，是丹麥石器時代保存最早、最完美的陶器。

【100丹麥克朗正面】

◎小貝爾特橋(Little Belt Bridge)，是連結日德蘭半島(Jutland)和菲英島(Funen)的一座橋，建於1935年，全長1,178公尺，高33公尺。

【100丹麥克朗反面】

◎1867年在Funen島被出土的Hindsgavl匕首，總長29.5公分，其形狀酷似魚尾，所以又稱魚尾劍，年代久遠。約在西元前1700~1800年(屬於石器時代)，現珍藏在國立丹麥博物館。

【200丹麥克朗正面】
◎尼派爾(Knippels)大橋，座落在首都哥本哈根內，此吊橋連結證券交易大街(Stock Exchange Street)和市場大街(Market Street)，建於1937年，為便利大型船舶通行，高度達115公尺，相較於50克朗及100克朗，橋墩視野有所不同，與歐元整齊劃一的橋梁風格有異。

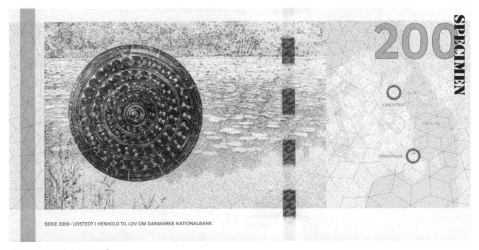

【200丹麥克朗反面】
◎皮帶盤飾品(belt-plate from Langstrup)，迄目前為止是出土最大、保存最完整的皮帶盤，發掘於北部之西蘭島，為青銅時代之代表作，當年為貴婦人的生活裝飾品（男性貴族則用精美刀劍來代表）。

【500丹麥克朗正面】
◎連結西蘭島及默恩島的亞歷山德拉皇后橋(Queen Alexandrine Bridge)，取名的由來係丹麥國王(克里斯蒂安九世)的大女兒嫁與英國國王愛德華七世為妻，稱之亞歷山德拉皇后。

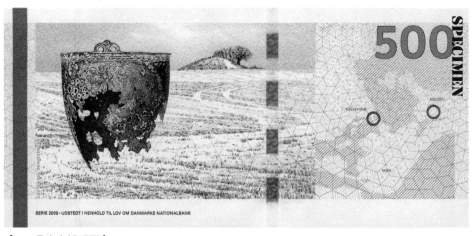

【500丹麥克朗反面】
◎青銅瓦罐(Keldby Vessel)也是青銅時代的代表作。

丹麥是個小國，但被稱譽為世界最快樂國家之一，在上一版正面都是各界之菁英，包括文學家、作曲家、女演員、物理學家、畫家，反面盡是各教堂上古老之石雕，稱之為「偉人與浮雕」。因舊版容易被仿造，所以決定發行更高科技的紙鈔。新版稱之為「大橋與文物」。自2009年開始至2011年6月出齊，丹麥鈔票是由藝術家卡琳‧比爾吉特‧隆德(Karin Birgitte Lund)女士設計，其創作源自丹

【1,000丹麥克朗正面】
◎大貝爾特橋(Great Belt Bridge)是丹麥最大的現代化大橋。它橫貫大貝爾特海峽，將西蘭島、菲英島連結在一起，由東、西橋及海底隧道三部分組成，全長6.6公里。

【1,000丹麥克朗反面】
◎最出名的出土文物太陽戰車(Sun Chariot)。

麥的各式橋梁和歷代古董，使用更高科技之紙鈔。舊版紙鈔仍是法定貨幣，也可在任何銀行兌換新鈔。丹麥人公投選擇不加入歐元，但丹麥克朗卻盯住歐元（1歐元約為7.5丹麥克朗）。2010年推出新版，帶來一股清新之風——樸素淡雅、細膩柔和，沒有歐洲傳統之名人或名山大川，只是傳統之橋梁，走過風雨，走過歲月。

芬蘭 聖誕之村
Finland

(5) (10) (50) (100)

面積：33.8萬平方公里

人口：552.4萬人

首都：赫爾辛基(Helsinki)

現行貨幣：歐元(Euro)

原使用貨幣：芬蘭馬克(Finnish Markka)

1歐元≒5.94573芬蘭馬克

主要產要：木材、通信器材、紙、機械

芬蘭印象：芬蘭浴、Nokia、聖誕老人、全人教育、針葉林、千湖之國

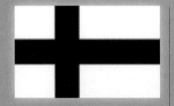

藍色代表蔚藍的天空和清澈的湖泊，白色象徵皚皚白雪，十字代表芬蘭是北歐五國的成員之一。芬蘭很重視女權，有相當高比例的議員是女性。芬蘭亦有獨特語言文化，與北歐諸國有所不同。

芬蘭號稱千湖之國，孕育了豐富的森林及水力。位居北方，長年冰雪，特別是冬季，嚴寒與黑暗帶來心理威脅，易情緒不定，藉酒消愁。芬蘭林業發達，所以建材及家具也很有名，值得一提的是Nokia也來自芬蘭，有相當的貢獻。

【20芬蘭馬克正面】

◎萬伊諾‧林納(Vaino Linna, 1920-1992)

萬伊諾‧林納是芬蘭作家、寫實主義者小說家，他的史詩戰爭小說《無名英雄》(1954)引起全國性論爭，而且得到空前的成功。戰爭寫實的描述和軍隊內的故事，特別是在官員和等級之間的關係，內容常出現濃厚批判的味道。此外，尚有《在北極星下》、《目標》、《黑色的愛情》等，在芬蘭及北歐文壇名重一時。

【20芬蘭馬克反面】

◎林納曾工作和生活的城市——坦佩雷(Tampere)的街景，中有運河，橋口有鐵花欄杆。

【50芬蘭馬克正面】

◎阿爾托(Alvar Aalto, 1889-1976)

阿爾托是芬蘭著名建築師，其設計思想受北歐古典主義的影響，常應用當地材料，結合現代工業精神進行創新。

【50芬蘭馬克反面】

◎阿爾托的設計作品。

【100芬蘭馬克正面】
◎西貝流士(Jean Sibelius, 1865-1957)
西貝流士是芬蘭近代音樂作曲家，以〈庫烈弗〉交響曲和〈傳奇〉等撼世傑作，成為國際最著名的芬蘭民族音樂作曲家。他的作品在數量上和種類上相當繁多，其中以〈我的祖國〉、〈大地之歌〉、〈芬蘭頌〉等洋溢芬蘭冰雪的風采、濃烈的民族格調的合唱曲最為膾炙人口。在首都有一著名的西貝流士紀念公園。

【100芬蘭馬克反面】
◎〈黃泉的天鵝〉這首曲子是西貝流士「四首傳奇曲」中的第二首，指的是老婆婆給了三個任務，分別是抓住一隻在妖怪森林裡的大鹿、抓住一匹在妖怪森林裡的雄馬，為牠戴上馬口鉗，與捉住黃泉河上的天鵝，他就是在執行第三項任務時死亡。「黃泉的天鵝」代表的就是死亡的意象。人們聽他的音樂，彷彿置身在蒼茫無際的大森林和恬靜清澈的湖泊中，如詩如畫，令人神往。

【500芬蘭馬克正面】
◎埃利亞斯・倫羅特(Elias Lonnrot, 1802-1884)
埃利亞斯・倫羅特原是位醫師，但他長期深入民間，蒐集大量歌謠，編成完整的史詩，題名《卡特瓦拉》，於1835年出版，是位傑出民歌古詩蒐集家及研究家。

【500芬蘭馬克反面】
◎詩集《卡特瓦拉》封面──採用蓬卡哈尤(Punkaharju)蛇形丘陵晨景，風光秀麗。

一鈔
一世界

芬蘭全境有超過十八萬八千個湖泊，故稱為「千湖之國」。芬蘭擁有非常獨特的天然環境和歷史文化，而在人文、藝術方面頗有特色。在鈔票可以明顯的感覺到芬蘭人有純樸、勤奮、沉靜、思考及創新的個性，尤其在音樂、建築、美術、小說、工藝、設計甚至科技的表現成就十分傑出，成績斐然。芬蘭馬克色彩強烈，設計獨特，無論面值大小，紙鈔尺寸相同，如美鈔一樣，有別歐洲其他國家，票額愈大，長寬愈大。現芬蘭已使用歐元，芬蘭馬克自2012年作廢，不再兌換。

冰島 極圈火島
Iceland

⑤ ⑩ 50 100

面積：10.3萬平方公里
人口：33.2萬人
首都：雷克雅未克(Reykjavik)
現行貨幣：冰島克朗(Icelandic Krona)
1歐元≒122冰島克朗
主要產業：捕魚、鋁、釼、皮製品
冰島印象：鱈魚戰爭、國家破產、水火同源、社會福利

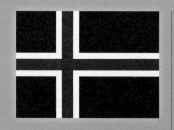

國旗上的十字是北歐五國共同特徵，也代表著基督教國家。紅藍交換就是挪威國旗。藍、白、紅三色分別代表組成冰島的三元素：水、冰、火。

冰島四面環海（水），冰河長達一萬三千公里，分布各地（冰），又島上火山百座以上，活火山不少（火），所以漁業、水力、地熱等資源豐富。冰島曾擴大經濟海域而與英國起爭端，即為有名的「鱈魚戰爭」。冰島人嗜好看書，也熱衷網際網路，是世界最好學的國家。

冰島是個高度發展的已開發國家，曾經擁有世界排名第五的人均國內生產總值，其人類發展指數排名世界前端，但同年，歐洲爆發經濟危機，冰島受創最深，積欠英國大量公債，冰島克朗大幅貶值。

【500冰島克朗正面】
◎喬恩・西居爾茲松(Jón Sigurdsson, 1811-1879)
喬恩・西居爾茲松是冰島獨立運動的領導者，也是冰島的國父，1845年鼓吹冰島自由貿易，畢
生精力多用來蒐集古代冰島語的手稿，編輯許多書籍，有《冰島傳説集》、《冰島法律大全》。

【500冰島克朗反面】
◎喬恩・西居爾茲松及他的書桌，背景的刺繡是來自於國家博物館(National Museum)。右下側的
建築是Reykjavík文法學校，也是獨立後初次議會的地方。

【1,000冰島克朗正面】

◎呂恩約爾弗・斯汶遜(Brynjólfur Sveinsson, 1605-1675)

呂恩約爾弗・斯汶遜是斯卡洛特(Skálholt)的主教。背景的花邊及圖案，是來自國家博物館中床蓋上的雕飾。

【1,000冰島克朗反面】

◎斯卡洛特的Brynjólfskirkja教堂。分別是正面及側面圖。右邊的圖案則是聖母瑪麗亞，雕刻在由呂恩約爾弗・斯汶遜所擁有的戒指上。

【2,000冰島克朗正面】
◎克亞爾瓦爾(Johannes Kjarval, 1885-1972)
克亞爾瓦爾是二十世紀冰島最偉大的藝術家。身後的圖畫是他的作品〈Outside and Inside〉的局部。

【2,000冰島克朗反面】
◎克亞爾瓦爾的油畫〈嚮往飛行〉(Yearning for Flight)和他的繪畫〈勒達與天鵝〉(Leda and the Swan)，這兩幅畫收藏在紀念他的博物館中。

【5,000冰島克朗正面】

◎薩莉約斯多蒂爾(Ragnheidur Jónsdóttir, 1646-1715)

薩莉約斯多蒂爾是Gísli Thorláksson主教（位於Hólar）的第三任妻子，在她丈夫右邊的兩個女人是他的另兩位妻子Gróa Thorleifsdóttir和Ingibjörg Benediktsdóttir。它是一幅油畫，設計者將主人翁從原先油畫分離出來，單獨放大，將她的丈夫及兩位妻子放右上角。在設計5,000克朗時，希望找到當地婦女對冰島文化有貢獻的形象，因之脫穎中選。她被認為是當時婚姻最幸福的女人及刺繡之典範。

【5,000冰島克朗反面】

◎薩莉約斯多蒂爾在教導兩個女孩子刺繡，繡出來的圖形就和她手上的書的圖案一樣，她對於冰島刺繡文化的發展有重大的貢獻。背景中的花邊和圖案是來自於Laufáskirkja聖壇中的桌巾樣式。

【10,000冰島克朗正面】
◎約拿斯‧哈爾格里姆松 (Jonas Hallgrimsson,1807-1845)
他是一位浪漫詩人、作家和博物家。右側花紋是其創辦的雜誌《Fjo'lnir》之封面花紋，宣傳
冰島之民族主義並推動冰島獨立。背景左上角是其詩歌《旅途的終點》節選；背景左側是
Skjaldbreiður火山的等高線地形輪廓圖。

【10,000冰島克朗反面】
◎左側有歐亞金斑鴴，右下有扇貝，中間為其創作的詩歌之節錄，背景與正面均有Skjaldbreiður
火山的等高線地形輪廓圖。

一鈔
一世界

冰島克朗是官方貨幣，克朗是冰島話之「皇冠」，紙幣時尚又具
設計感，很有北歐風格，其中5,000克朗曾被美國大衛‧史坦迪什
(David Standish)所著《金錢的藝術》(The Art of Money)一書選拔為世
界上最美麗的紙鈔排行榜前十名之一。
冰島以漁獲及海產出口賺進大量財富，而轉型同為島國──英國的
金融操作，最終不善於此，而邁向2008年國庫破產危機，鈔票也不值
錢了。而今東山再起，國民所得仍高，物質層面相當富裕。
從鈔票上的圖案來看，都是中規中矩的人物，幾乎都是「精神象
徵」，少了政治味，不難看出冰島人對精神糧食的重視，尤求內心
的富裕，得以度過了金融風暴。

挪威 北極光都
Norway

⑤ ⑩ 50 100

面積：38.6萬平方公里

人口：527.2萬人

首都：奧斯陸(Oslo)

現行貨幣：挪威克朗(Norwegian Krone)

1歐元≒9.2挪威克朗

主要產業：漁業、機械、石油、天然氣、紙、化學品

挪威印象：森林、樹妖、維京海盜、永晝、峽灣、滑雪、探險家、北海石
油、北海小英雄、航運、木造教室

紅、青、白三色分別代表自由、平等、博愛，同時也是典型自由與獨立的表徵。挪威國旗藍、紅兩色的配置剛好與冰島國旗相反，也是在丹麥白色十字上畫上青色十字。青色除了代表面臨大西洋，國內也有很多美麗的峽灣。挪威產業是以北海石油、航運、造船為主，水利資源頗豐，漁業也很發達，在其北角可欣賞永晝的奇景，國民所得相當高，是「小國大志氣」的風範。

【50挪威克朗正面】
◎民俗作家彼得‧克里森‧阿斯別約恩森(Peter Christen Asbjornsen, 1812-1885)
阿斯別約恩森是位民俗蒐集家，他利用對森林的了解，組織一個公會聚集民心。背景圖案則是
出自於他的故事小説《A Summer Night in Krogskogen》。左上的十二邊形為雕飾，裡面為蜘蛛
網。

【50挪威克朗反面】
◎《A Summer Night in Krogskogen》書中的一幕。主要是敘述人們在森林中的小湖，看著雲的
倒影，聆聽蜻蜓飛舞嗡嗡的聲音，並沉浸在開花睡蓮花香之中，經歷靜謐和神奇感覺。右下角的
鑰匙則表示要打開我們的心胸，與大自然（或人）共同生存。

【100挪威克朗正面】

◎克爾斯汀‧弗拉格斯塔(Kirsten Flagstad, 1895-1962)

克爾斯汀‧弗拉格斯塔是位聲樂家。背景是挪威歌劇院(Norwegian Opera)觀眾席的分解圖，方向是從舞臺看過去。當她1935年在紐約大都會(Metropolitan)登臺唱歌時，就成為當代最偉大的女高音之一，也在柏林、倫敦演出，甚受佳評。她的音色細膩，含蓄雄厚，演繹藝術歌曲，格調雅致，氣質高貴，令觀眾神往不已。此100克朗鈔票於其誕生一百週年之際發行。

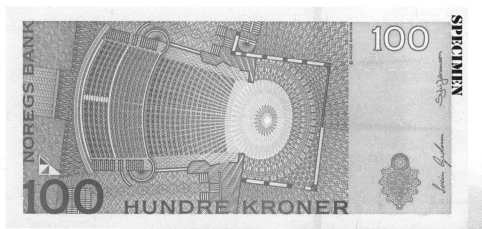

【100挪威克朗反面】

◎建築師Morgenstierne及Eide在1929年所畫位於挪威首都奧斯陸(Oslo)的國家歌劇院(Den Norske Opera)的布局圖，完工於1935年，主要當作電影院及劇院使用。弗拉格斯塔在1958-1960年出任國家歌劇院院長。右邊圖案為克爾斯汀‧弗拉格斯塔在戲中使用過的胸針。

【200挪威克朗正面】

◎伯克蘭(Kristian Birkeland, 1867-1917)

伯克蘭是挪威地球物理學家。第一個正式提出電磁發射（電磁炮）概念並進行試驗的伯克蘭，在1901年獲得了「電火炮」專利。左側背景是進行地球模型實驗的儀器，在此實驗室內產生人工極光。

【200挪威克朗反面】

◎地圖上的北極圈，裡面包括了北歐各國（右邊），及北加拿大（底部）。上方圓形圖案表示磁氣圈，大的半圓形則代表北極光。上面還有一種沿地磁場的垂直電流體系模式，稱作伯克蘭(Birkeland)的磁氣流。

【500挪威克朗正面】

◎西格里德‧溫塞特(Sigrid Undset, 1882-1949)

西格里德‧溫塞特是挪威小說家。因其對中世紀生活感人描寫，文筆生動、描述細膩，在北歐文學居頂尖地位。1928年獲諾貝爾文學獎。

【500挪威克朗反面】

◎小麥與玫瑰花紮成的花環。取材自其著作《克麗絲汀三部曲》(Kristin Lavransdatter)的封面插圖。本書為其文創頂峰，小說以十四世紀為時代背景，以北國生活生動描述女主人克麗絲汀追求愛情、幸福的一生及其悲劇結局。

【1,000挪威克朗正面】
◎愛德華‧孟克(Edward Munch, 1863-1944)
愛德華‧孟克出生於德國慕尼黑(Munich)，他是挪威畫家和版畫製作者，畫作主題具有強烈精神和感情，繪畫風格帶有壓抑、悲觀、扭曲、痛苦的特色。背景為其油畫作品〈憂鬱〉(Melancholy)。

【1,000挪威克朗反面】
◎孟克繪畫之壁畫〈太陽〉(The Sun)
屬於孟克第二期作品，憂鬱症治癒，作品表現自然景觀，色彩也變得亮麗起來。

一鈔
一世界

自古以來，挪威人與海洋結下了不解之緣，人們生活中的最大情趣是在海上泛舟。由於挪威海岸線特長，又被冰河切割成許多峽灣，看似深峻又冷酷、壯觀卻疏離。聽說挪威人個性大多純樸孤僻，喜歡獨處，不喜喧嘩，酷愛和平。鈔票正面人物有民俗家、文學家、聲樂家、物理學家、藝術家，幾乎男女參半，且無政治人物，背面均能和正面人物相結合，人像雕刻出色，色彩深沉。

　　挪威新鈔系列由斯諾赫塔(Snøhetta)建築事務所所設計，從8個設計，提案中勝選，它圍繞著海洋展開，紙鈔背面及正面的局部採用「像素化」的設計。風越強大，馬賽克方格越長，從50克朗風平浪靜到1,000元的狂風巨浪，甚至疾風勁浪，充滿了設計感與北歐風情，被稱為「世界最美的鈔票」，顛覆過去鈔票設計的陳規。

　　50克朗的主題是「海洋將我們相連結」，正面為燈塔，背面為矗立著燈塔的海岸。

　　100克朗的主題是「海洋帶引我們走向世界」，正面是古代維京海盜船，背面是一艘在海上航行的貨船。

　　200克朗的主題是「海洋養育了我們」，正面是一條鱈魚，背面是在作業中的漁船。

　　500克朗的主題是「海洋造就了我們的繁榮」，正面是一艘救援船，背面為海上鑽井平臺。

　　1,000克朗的主題是「海洋帶領著我們前進」，正面是洶湧的巨浪，背面是一望無際的海洋。

　　挪威鈔票分為50、100、200、500、1,000五種面值，以綠、紅、藍、黃，紫為各自主色調，採模糊影像的抽象感。預計全套新鈔在2019年底全部上市流通，讓我們引領期盼吧！

瑞典 福利之國
Sweden

面積：45萬平方公里
人口：1,000萬人
首都：斯德哥爾摩(Stockholm)
現行貨幣：瑞典克朗(Swedish Krona)
1歐元≒9.6瑞典克朗
主要產業：家具、木材、汽車、鐵礦
瑞典印象：諾貝爾、愛立信、Volvo、福利國家、鋼鐵、資源回收、IKEA

1157年，瑞典和芬蘭戰爭，出征前向神禱告時，看見一道金色十字架的光芒橫越藍天，又稱「金十字」旗。瑞典國旗象徵著瑞典人民對這片土地和陽光（黃）、澄淨天空（青）的熱愛。

「斯堪地那維亞十字架」表示信奉基督教，青色的底除了表示波羅的海，亦有眾多冰蝕湖，風景秀麗。黃色的十字，代表豐富礦產，瑞典的鐵礦及鋼製品享譽全球，社會福利佳，國民所得高，汽車Volvo和通訊愛立信(Ericsson)是其國寶。

【20瑞典克朗正面】
◎瑞典兒童文學作家阿斯特麗德‧林德格倫(Astrid Lindgren, 1907-2002)，其名著有《長襪子皮皮》、《小飛人》等87部，被翻譯成多種語言，不少作品改編成電影及電視劇，風靡世界。右側背景有她書中的話。

【20瑞典克朗反面】
◎林德格倫的故鄉斯莫蘭(Smaland)的林間小徑。左下側是斯莫蘭的省花——林奈花(Linnaea)，右側為斯莫蘭省在瑞典地圖的所在位置。

【50瑞典克朗正面】

◎瑞典音樂家及作家埃弗特・陶布(Evert Taube, 1890-1976)。背景是其樂譜作品。

【50瑞典克朗反面】

◎陶布的家鄉——布胡斯蘭(Bohuslan)的海岸邊，曾給陶布很多創作靈感。左下側是布胡斯蘭的省花——金銀花(Honeysuckle)，右側為布胡斯蘭省在瑞典地圖的所在位置。

【100瑞典克朗正面】

◎瑞典國寶級演員葛麗泰‧嘉寶(Greta Garbo, 1905-1990)。她生於瑞典斯德哥爾摩，成名於美國影壇，得過多次奧斯卡最佳女主角獎，被譽為史上最有名之女明星，1995年追授奧斯卡終身成就榮譽獎。背景是她主演電影中的膠片。

【100瑞典克朗反面】

◎嘉寶出生之地──首都斯德哥爾摩的風景。由於斯德哥爾摩分屬兩省，所以出現兩種花──南曼蘭省花白睡蓮(White Water Lily)，及烏普蘭省花貝母(Fritillary)。右側是斯德哥爾摩在瑞典地圖的所在位置。

【200瑞典克朗正面】

◎瑞典著名的電影導演英格瑪‧伯格曼(Ingmar Bergman, 1918-2007)。他曾導演過一部《不良少女莫妮卡》而聞名於世，被封為現代電影教父。背景是電影《第七封印》拍攝過程中，他與主角Bengt Ekerot交談的畫面。

【200瑞典克朗反面】

◎伯格曼長住的哥特蘭(Gotland)之朗漢瑪(Langhammar)內的石灰岩柱，該石灰岩柱所在地被列為國家自然保護區。左下側為哥特蘭省花——長春藤(Ivy)，右側為哥特蘭省在瑞典地圖的所在位置。

【500瑞典克朗正面】

◎瑞典歌劇女高音比爾吉特・尼爾森(Birgit Nilsson, 1918-2005)。背景為她在1968年排練歌劇《女武神》的畫面。

【500瑞典克朗反面】

◎尼爾森故鄉斯科納(Skane)的松德海峽大橋(Oresund Bridge)，全長16公里。左下側為斯科納省花──法蘭西菊(Ox-eye Daisy)，右側為斯科納省在瑞典地圖的所在位置。

【1,000瑞典克朗正面】

◎瑞典外交家、政治家達格‧哈瑪舍爾德(Dag Hammarskjold, 1905-1961)。他曾任聯合國第二任祕書長；1956年建立聯合國維和部隊；1961年9月18日因公空難殉職，追授諾貝爾和平獎，聯合國亦建立以他為名之獎，紀念在聯合國維持和平任務中喪生的人。背景為聯合國之標誌及聯合國總部大樓。

【1,000瑞典克朗反面】

◎哈瑪舍爾德常流連忘返的拉普蘭(Lappland)之雪山冰川景色。左下側為拉普蘭省花——仙女木(Avens/White Dryas)，右側為拉普蘭省在瑞典地圖的所在位置。

一鈔
一世界

2015年10月，瑞典新鈔誕生，係由瑞典銀行公開設計競賽，參賽者是藝術家、圖形插畫家、平面設計師、建築設計師等專業人士，最後是由戈蘭·奧斯特倫德(Göran Österlund)所設計，主題的方案是文化之旅(Cultural Journey)。人物選擇的原則是：

1. 對文化有卓越貢獻。

2. 活躍在二十世紀。

3. 在國際上享有盛名。

4. 男女各半。

最後確定選用林德格倫、陶布、嘉寶、伯格曼、尼爾森及哈瑪舍爾德六人，作為新一代克朗正面人物。

選出鈔票正面人物後，其反面必須是與前面人物在瑞典相關聯的自然與環境，藉此方式介紹瑞典不同地區的風貌。

瑞典崇尚和平，不但景色秀麗、福利健全且經濟高度發展，連鈔票設計亦深具文化涵養，真值得世人細細品味。

愛沙尼亞 鄰水而居
Estonia

⑤ ⑩ 50 100

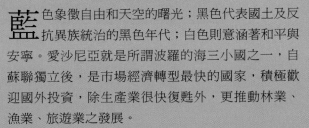

面積：4.5萬平方公里
人口：130.9萬人
首都：塔林(Tallinn)
現行貨幣：歐元(Euro)
原使用貨幣：愛沙尼亞克朗(Kroon)
1歐元≒15.64664愛沙尼亞克朗
主要產業：木材、鋁、紙、鋁合金、成衣、食品、漁業
愛沙尼亞印象：波羅的海三小國、人鏈(human chain)

藍色象徵自由和天空的曙光；黑色代表國土及反抗異族統治的黑色年代；白色則意涵著和平與安寧。愛沙尼亞就是所謂波羅的海三小國之一，自蘇聯獨立後，是市場經濟轉型最快的國家，積極歡迎國外投資，除生產業很快復甦外，更推動林業、漁業、旅遊業之發展。

當年要獨立時，蘇聯出兵干預，1989年8月23日（德蘇互不侵犯五十週年），三小國人民手牽手，構成一人鏈(human chain)，長達六百公里，軍隊不敢硬戰，以這種方式成立獨立國家，成為千古美談！

【1愛沙尼亞克朗正面】

◎愛沙尼亞著名畫家克利斯蒂安‧勞德(Kristjan Raud, 1865-1943)

勞德的作品多為浪漫主義和象徵主義，連接了超過半世紀的愛沙尼亞藝術歷史與文化。他除了努力作畫之外，也喜歡提攜後進，提拔藝術界人才，愛沙尼亞境內因此為他設立克利斯蒂安‧勞德博物館。

【1愛沙尼亞克朗反面】

◎中世紀托穆培亞古堡(Toompea Castle)

位於愛沙尼亞首都塔林市內的托穆培亞山丘上，是最早建城之處，即現今舊城，昔日都是貴族、神職人員之聚居地。直到愛沙尼亞獨立前，這座古堡都是屬於外國統治者所有。現為國會所在地。

【2愛沙尼亞克朗正面】

◎胚胎學、地理學、人種學及自然人類學先驅馮‧貝爾(Karl Ernst von Baer, 1792-1876)

1828年發表《動物發生史——觀察與思考》一書，系統地總結了有關脊椎動物胚胎發育的知識，指出所有脊椎動物胚胎都有一定程度的相似，在分類上親緣關係越近，胚胎的相似程度越大。1834年起，研究地理學，發現河岸沖刷規律，又稱貝爾定律。

【2愛沙尼亞克朗反面】

◎塔爾圖大學(Tartu University)是歐洲典型建築

這是愛沙尼亞歷史悠久的舊大學城，位於塔爾圖市，許多知名學者畢業於此大學，包括貝爾在內。它的黃金時代為1860至1880年之間。

【5愛沙尼亞克朗正面】
◎西洋棋大師保羅‧凱里斯(Paul Keres, 1916-1975)
保羅‧凱里斯曾三次榮獲蘇聯西洋棋冠軍，三次榮獲歐洲冠軍，四次在西洋棋奧林匹克賽中奪冠，是位揚名國際的下棋好手。光看這麼輝煌的戰績，可能會覺得他是天才，其實他是個非常努力的人，腳踏實地地付出，才能有如此耀眼的成就。

【5愛沙尼亞克朗反面】
◎左邊是Order Stronghold、中間是納爾瓦河(Narva River)、右邊是雅尼林城堡(Jaanilinn Castle)
Jaanilinn Castle、Order Stronghold這兩座古堡原來是戰爭時期用來防禦用的，兩個城堡對峙幾百年，今為著名觀光景點。納爾瓦河(Narva River)流經Narva市後，再流向芬蘭灣。愛沙尼亞和俄羅斯即是以這三個景觀為疆界。

【10愛沙尼亞克朗正面】
◎民俗學家、神學家、語言學者雅各布・赫特(Jakob Hurt, 1839-1907)
赫特身兼多職，並且在親戚與朋友的協助下，開始蒐集民間傳說，並意識到這樣的行為必須擴展到全國。經過他長期的努力結果，這些民間傳說得以蒐集成冊，由於內容豐富珍貴、資料確實詳盡，現已成為國家珍貴書籍之一。

【10愛沙尼亞克朗反面】
◎塔梅・勞里老橡樹(Tamme-Lauri Oak)
橡樹是種常見於歐洲森林的植物，每棵樹又大又壯，有著齒狀或淺裂葉片，據說愛沙尼亞古老大橡樹至少有兩百棵。此塔梅・勞里老橡樹有六百八十年樹齡，亦為其國樹，被譽為民族之樹、生命之芽。

【25愛沙尼亞克朗正面】
◎古典文學家安東‧漢森‧塔梅薩爾(Anton Hansen Tammsaare, 1878-1940)

塔梅薩爾從小生長在貧苦家庭，為了賺取學費而努力，在求學過程中，曾到高加索旅行，當時接觸許多著名的作品，深深影響往後的創作。塔梅薩爾創作的故事內容大多表現現實主義，描繪早期的農村生活，並反映俄國革命活動，其中最著名的作品為《Devil with a False Passport》，也是他最後一部小說。

【25愛沙尼亞克朗反面】
◎早期農村建築物──Anton Hansen Tammsaare位於Vargamäe農場的家鄉。

【50愛沙尼亞克朗正面】

◎著名作曲家魯道夫·托比亞斯(Rudolf Tobias, 1873-1918)

愛沙尼亞第一位職業音樂教育作曲家、風琴師,他從小接受父親的指導,且繼承了父親的音樂天分和興趣,他九歲時,開始了音樂的訓練。長大後,他開始在愛沙尼亞的聖約翰教堂工作,擔任風琴師和唱詩班指揮,隨後參加許多大型音樂會,並在學校任教。作品被愛沙尼亞公認為音樂史上的先驅者。

【50愛沙尼亞克朗反面】

◎愛沙尼亞歌劇院(Estonia Opera House in Tallinn)

1913年,利用公開募款的方式籌措資金,在首都塔林(Tallinn)建造完成了愛沙尼亞歌劇院。

【100愛沙尼亞克朗正面】

◎詩人、劇作家莉蒂亞・科伊杜娜(Lydia Koidula, 1843-1886)

科伊杜娜最重要的作品為1867年出版的《布穀鳥》。她的作品喚醒了當時的愛沙尼亞人民，他們渴望從農奴制度中解放，於是大家開始凝聚獨立意識，科伊杜娜則是大多數人民表達聲音的代表。

◎右側背景是布穀鳥(在歐洲每年冬天會飛到非洲過冬，聽到布穀鳥的叫聲，意味著春天來了，將帶給農民吉祥喜慶。)。

【100愛沙尼亞克朗反面】

◎愛沙尼亞北部的石灰岩洞風景，鬼斧神工，加上大浪拍岸，令人嘆為觀止。

【500愛沙尼亞克朗正面】
◎卡爾‧羅伯特‧雅各布森(Carl Robert Jakobson, 1841-1882)
雅各布森是位愛沙尼亞作家、老師、政治家、出版商、農業的促進者。在1860到1880年之間，雅各布森領導並主張要改革愛沙尼亞。且敦促愛沙尼亞也能得到民族的政治權利和公民個人平等權，是喚醒民族意識的關鍵人物。

【500愛沙尼亞克朗反面】
◎愛沙尼亞國鳥家燕(Barn Swallow)
北半球最普遍的鳥類，除了極地，分布世界各地。嘴小、頭大、雙翼尖長、尾羽分岔甚深，下方有半月形白斑，身體背面黑色而有藍色光澤，額紅褐色，喉亦紅褐色，上胸有黑色橫帶，常見在屋簷築巢。家燕捕食「害蟲」，常以益鳥形象出現。

一鈔
一世界

愛沙尼亞鈔票正面都是出類拔萃的人文菁英，背面則是國家主要代表物，國家雖小，甚有骨氣。愛沙尼亞於2011年1月1日加入歐元區，對愛沙尼亞是一大事，加入歐元，紙鈔價值多一層保障。
愛沙尼亞人像採用雕刻凹版，清淡設計理念，樸實、製作精良，但細膩和質感略有不足。

拉脫維亞 東歐巴黎
Latvia

⑤ ⑩ 50 100

面積：6.5萬平方公里

人口：195.6萬人

首都：里加(Riga)

現行貨幣：歐元(Euro)

原使用貨幣：拉特(Latu)(自2014年1月1日使用歐元)

1歐元≒0.7拉特

主要產業：木材、紡織、電子電器、乳製品

拉脫維亞印象：波羅的海三小國、德國淵源、女多於男

暗紅色是歌頌烈士的熱血；白色象徵和平與安寧。傳說一愛國志士壯烈犧牲蓋上白布，血染白布，剛好在腰際處仍有一白條未染紅，就以此為國旗。

　　拉脫維亞在波羅的海三小國中，工業基礎居首位，特別是電機、電子、機械、建築最為突出。

【5拉特正面】
◎國樹橡樹(Oak tree)和椴樹(Linden)
在拉脫維亞，橡樹和椴樹被廣泛運用在醫療用途上，而國歌歌詞中也有提到這兩種植物。在民間傳說和信仰中，橡樹被視為一種男性象徵，椴樹則被視為女性象徵。

【5拉特反面】
◎右下角為國徽，中間有一盾牌，盾面上半部的太陽代表拉特梧萊公國，左下方的是庫茲拉姆公國，右下方半獅半鷹是韋德季姆公國，象徵拉脫維亞由三公國組成。

【10拉特正面】
◎拉脫維亞最大的河流道加瓦河(Daugava River)的景觀
道加瓦河發源於俄羅斯西部瓦爾代丘陵，從拉脫維亞流入波羅的海，總長度為1,005公里，為波羅的海區域最長河流。約357公里流經境內，有三座水力發電廠。其流經首都里加時，將城區一分為二。道加瓦河被當作命運之河或母親河，深深的影響拉脫維亞的歷史演變。

【10拉特反面】
◎十字架工藝及其象徵
由十五世紀傳統的青銅製成，是女性頭髮配戴的飾針。

【20拉特正面】
◎拉脱維亞農莊

農莊對拉脱維亞人來説，是讓人喜愛居住的好地方，在古老傳統裡，每年常有慶祝節日的活動，直到現在，仍有超過一百四十個農場，提供住宿服務和各式各樣的娛樂活動。

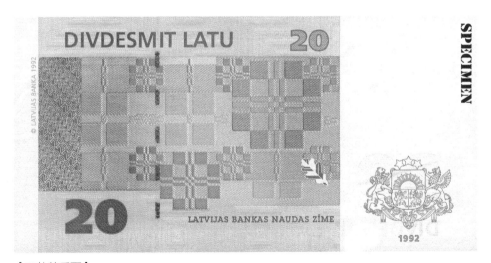

【20拉特反面】
◎傳統裝飾的編織亞麻布

拉脱維亞傳統的民族服裝是男子著襯衫、長褲、長外衣，紮腰帶、戴呢帽；女子著繡花短袖白襯衫、方格或條紋裙子，繫繡花圍裙，紮頭巾，已婚婦女戴亞麻布帽子，姑娘則戴穿珠刺繡的花箍。

【50拉特正面】
◎拉脫維亞古帆船。

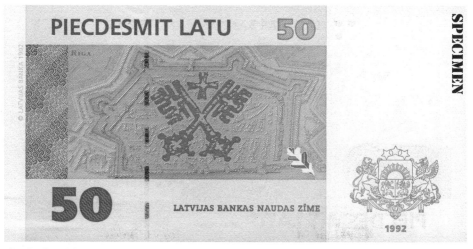

【50拉特反面】
◎金銀鑰匙。

在基督教的傳說中,耶穌將金、銀兩把鑰匙交給聖彼得,「金」是打開天堂大門、「銀」是開啟地球聖殿,意味著聖彼得被賦予掌管天上與地上的權利。金銀鑰匙在教廷(梵蒂岡)的國旗也可看見。

【100拉特正面】
◎拉脫維亞之父──克里沙尼‧巴隆斯(Krisja nis Barons`,1835-1923)，他整理多首民歌，編入《民歌檔案櫃》。

【100拉特反面】
◎拉脫維亞的紋飾。

一鈔一世界

拉脫維亞雖為波羅的海沿岸經濟較發達的國家，但在該國可以深刻感受到傳統文化的影子，從日常生活中的衣著、器具、物品中，明顯地發現他們特有的精神及習性，也有別於其他歐洲國家鈔票以人物為主。

立陶宛 風景如畫
Lithuania

(5) (10) [50] [100]

面積：6.5萬平方公里
人口：292萬人
首都：維爾紐斯(Vilnius)
現行貨幣：歐元(Euro)
原使用貨幣：立塔(Latu)
1歐元≒3.46立塔
主要產業：魚貝、乳製品、木材、紡織、化學品
立陶宛國家印象：王力宏（國旗顏色）－黃綠紅、波羅的海三小國、核電、琥珀

黃色代表太陽，表達人民爭取獨立的願望；綠色象徵大地，表示無限生機；紅色則代表勇氣。

立陶宛在波羅的海三小國中，以農業取勝，畜牧業占七成，其餘為穀類。此外也提供木材及紙類原料，在工業方面以化學肥料比較重要。

【1立塔正面】

◎立陶宛作家尤莉亞‧澤麥特 (Julija Beniuseviciute-Zymantiene, 1845-1921)

Zymantiene年輕時沒有接受正統的教育，而是從許多課外讀物學到知識，為她帶來相當大的影響。1863年立陶宛人紛紛起義反抗俄羅斯，Zymantiene不顧危險，全心全意支持並參與活動，也因此啟發了她的潛能，開始從事期刊工作，不斷公開參與立陶宛文化活動，更籌措資金和調查戰爭時的受害者背景，並前往拜訪關心。在她的作品內容中，常用活潑、美麗、多樣的詞彙來形容農莊生活，精確描述當時的環境及社會背景，是立陶宛寫實主義散文的第一人，這正是人們喜愛她的原因。

【1立塔反面】

◎Juozapas教堂

Juozapas教堂建於帕魯斯(Paluse)的Aukštaitija國家公園內，在1747至1757年由一位土木建築師繪圖建造而成。這座民間教堂呈現巴洛克式外型，是早期古老木質教堂的風格，現已成觀光勝地。

【2立塔正面】

◎瓦蘭丘斯(Bishop Motiejus Valancius, 1801-1875)

瓦蘭丘斯是位牧師、作家，對於俄國在立陶宛東部非法列印立陶宛書籍和進入立陶宛進行走私活動感到不滿，因此決定反抗俄國政府，開始使用各種方法對抗他們的政策，因此刺激了立陶宛全國運動的誕生，成為十九世紀立陶宛最重要的人物之一。

【2立塔反面】

◎特拉凱城堡(Trakai Castle)

特拉凱位於首都維爾紐斯(Vilnius)以西，建於1241年，外表全都用紅磚建造而成，坐落在三面臨湖的半島上，十五世紀時為對抗德國騎士團，再增建許多防禦堡壘，自遷都至維爾紐斯之後，就被當作王室貴族的府邸，直到十六世紀被廢棄，現今作為光觀用地，是世界知名的美麗城堡之一。現為歷史博物館，常展出工藝美術作品及舉行音樂會。

【5立塔正面】
◎著名語言學家與文學之父Jonas Jablonskis (1860-1930)
Jablonskis是立陶宛語的創立者，他蒐集許多語言上的資料，並在出版立陶宛語的字典中，將多餘的詞彙刪除或修改，再將新詞彙加入和介紹語法、特殊句法，使得立陶宛語可以不斷地延續下去，讓世人了解立陶宛語言的特色。

【5立塔反面】
◎雕塑家Petras Rimša (1881-1961)的雕塑作品
這個雕塑主要在描述當時俄國沙皇政府專制統治時期，政府禁止人們使用立陶宛文，而一位母親在做紡織工作時，偷偷地教她的孩子閱讀立陶宛文，表現人民強烈愛國及無法忘懷祖國文化的心情。

【10立塔正面】

◎著名飛行員斯傑潘納斯‧達留斯(Steponas Darius, 1896-1933)和斯塔塞斯‧吉列納斯(Stasys Girenas, 1893-1933)

1932年兩人計畫飛越大西洋，將飛機命名為「立陶宛人號」；1933年7月15日5時24分從紐約起飛，然而卻在距立陶宛考納斯市僅一小時路程不幸發生墜機意外，兩人均罹難，飛行時間長達三十七小時十一分鐘，飛行距離共6,411公里。為了紀念這兩位飛行員，立陶宛人在首都維爾紐斯市以他們的名字命名街道，也刻有兩人的頭像和事蹟。

【10立塔反面】

◎立陶宛人號Trans-Atlantic Flight

兩位飛行員當初所駕駛的飛機，名為「立陶宛人號」(Lituanica)，鈔票畫面上正是當時他們橫渡波濤洶湧的大西洋飛行的立陶宛人號。

【20立塔正面】
◎民族復興的吟唱詩人約納斯‧馬丘里斯(Prelate Jonas Maciulis, 1862-1932)
馬丘里斯為立陶宛新詩的創立者。當時的政府禁止使用立陶宛語，他的作品也曾禁止出版，那時
他的詩正值最受歡迎的時期，仍不顧一切努力創作，文學生涯五十年，作品多元，激勵人民反對
俄國沙皇統治，也深深的影響許多作家，使他在文壇上占有一席之地。

【20立塔反面】
◎第二大城庫納茲(Kauras')維陶塔斯戰爭博物館(Vytautas Magnus Museum of War)。
右側是自由女神雕像。

【50立塔正面】

◎民間文學研究家、民族運動領導人約納斯・巴薩納維丘斯(Jonas Basanavicius, 1851-1927)

巴薩納維丘斯在1873年到莫斯科學習歷史和考古學，而後改學醫。1883至1886年編輯文化和政治雜誌《曙光》，對立陶宛民族運動的發展有重大影響。1905年起，住在首都維爾紐斯，曾任大議會主席，並在1907年創立立陶宛科學協會，任會長和學報主編，曾刊出立陶宛民間文學集多冊。

【50立塔反面】

◎位於首都維爾紐斯的教堂(Vilnius Cathedral)與鐘樓(Belfry)

大教堂建於1251年，一度被認為是基督教中心，後來經過數次戰火洗禮，整個建築遭到嚴重破壞，而現在看到的教堂外型是在1469至1820年間，經立陶宛建築師改造，增添很多法國古典特色的樣子。1950年，大教堂被前蘇聯關閉，用作藝術展廳，1990年再度恢復為基督教教堂。

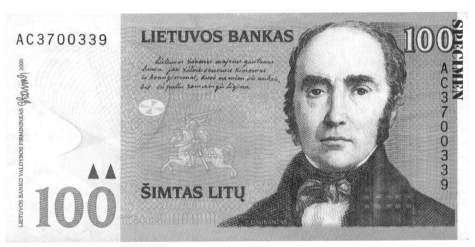

【100立塔正面】

◎歷史學家、民俗學者、翻譯家西蒙納斯・道坎塔斯(Simonas Daukantas, 1793-1864)

他在1822年編寫了第一部立陶宛的歷史著作《立陶宛人和熱麥提斯人》；1834年時，完成了歷史巨著《熱麥提斯史》；1845年出版了關於古代立陶宛歷史的著作《古代立陶宛山地人與熱麥提斯人的性格》；1850到1854年更撰寫了短篇讀物《淺談古立陶宛人》。道坎塔斯根據蒐集到的立陶宛民間故事和詩歌，編輯出版了詩歌《熱麥提斯人之歌》，在序言裡敘述了立陶宛民族歌曲的特徵。

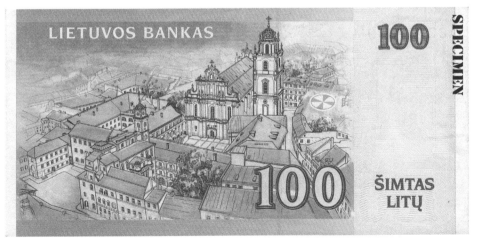

【100立塔反面】

◎首都維爾紐斯(Vilnius) 老城區。

【200立塔正面】
◎維爾海爾馬斯・斯托洛斯塔(Vilhelmas Storosta, 1868-1953)
維爾海爾馬斯・斯托洛斯塔一生寫下六十餘本著作，涵蓋哲學、歷史、文學、語言等諸多領域，
透過個人著作傳播人道主義等思想。他的部分作品抨擊了十九世紀末德國的民族同化政策，也因
此促進了立陶宛民族意識的覺醒。

【200立塔反面】
◎克萊佩達燈塔(Klaipeda Lighthouse)
此燈塔於1819年重建過後，其高度變為29.2公尺，進而使得燈塔照射範圍擴大。這座燈塔在第二
次世界大戰之前便已終止運作，現在不僅是克萊佩達城中最主要的地標之一，更因此吸引不少遊
客前來此地觀光。

【500立塔正面】
◎立陶宛作家、社會活動家文采斯・庫迪爾卡(Vincas Kudirka, 1858-1899)
庫迪爾卡於1888年開始寫詩，出版《自由時光》詩集，並活躍於立陶宛民族主義運動。他與學生一起祕密建立了社會組織，還出版祕密報紙，揭露沙俄惡行，這些為後來的立陶宛帶來許多貢獻。1918年立陶宛採用庫迪爾卡所寫的〈民族聖歌〉歌詞，正式成為立陶宛國歌。

【500立塔反面】
◎立陶宛的自由之鐘
上頭刻有"Thou shall ring through the centuries to the children of Lithuania: he who does not defend freedom is not worthy of it."之字樣，意思為「你將對立陶宛的孩子敲響世紀之鐘：如不保衛自由，就不配擁有自由。」

在立陶宛的鈔票上，在鈔票正面有卓越的人物，鈔票的背面則是代表性的建築，得以告知偉大的傳奇故事，同時也是立陶宛流傳已久的重大歷史。

國家圖書館出版品預行編目(CIP)資料

歐洲鈔票故事館 / 莊銘國著.
-- 二版 . -- 臺北市：五南，2020.06
　面；　公分
ISBN 978-957-763-708-6(平裝)

1.紙幣 2.歐洲

561.54　　　　　　　　　　　　108016598

博雅文庫 169

RA43
歐洲鈔票故事館

作　　者	莊銘國
發 行 人	楊榮川
總 經 理	楊士清
總 編 輯	楊秀麗
主　　編	侯家嵐
責任編輯	李貞錚
文字校對	劉天祥、黃志誠、許宸瑞
封面設計	盧盈良、姚孝慈
內文排版	theBAND・變設計—Ada
出 版 者	五南圖書出版股份有限公司
地　　址	106台北市大安區和平東路二段339號4樓
電　　話	（02）2705-5066
傳　　真	（02）2706-6100
網　　址	http://www.wunan.com.tw
電子郵件	wunan@wunan.com.tw
劃撥帳號	01068953
戶　　名	五南圖書出版股份有限公司
法律顧問	林勝安律師事務所 林勝安律師
出版日期	2012 年 4 月初版一刷
	2016 年 7 月初版二刷
	2020 年 6 月二版一刷

定　　價　新臺幣 450 元